九一八事变 若干问题研究

王恩宝 ○ 著

辽宁人民出版社

© 王恩宝   2023

图书在版编目（CIP）数据

九一八事变若干问题研究/王恩宝著.—沈阳：
辽宁人民出版社,2023.9
ISBN 978－7－205－10911－0

Ⅰ.①九… Ⅱ.①王… Ⅲ.①九·一八事变—研究
Ⅳ.① K264.207

中国国家版本馆 CIP 数据核字（2023）第 201423 号

出版发行：辽宁人民出版社
　　　　　地址：沈阳市和平区十一纬路 25 号　邮编：110003
　　　　　电话：024-23284321（邮　购）　024-23284324（发行部）
　　　　　传真：024-23284191（发行部）　024-23284304（办公室）
　　　　　http://www.lnpph.com.cn
印　　　刷：辽宁一诺广告印务有限公司
幅面尺寸：160mm×230mm
印　　张：14.25
字　　数：152 千字
出版时间：2023 年 9 月第 1 版
印刷时间：2023 年 9 月第 1 次印刷
责任编辑：董　喃
装帧设计：留白文化
责任校对：吴艳杰
书　　号：ISBN 978-7-205-10911-0
定　　价：68.00 元

目 录

第一章

勿忘国耻 以史为鉴
（代序）

1931 年 9 月 18 日，震惊中外的九一八事变爆发。九一八事变是 20 世纪 30 年代发生在沈阳的重大历史事件。它不仅是日本帝国主义大规模武装侵略中国的开始，也是中国人民 14 年抗日战争的起点，同时揭开了世界反法西斯战争序幕。

历史不能忘记，历史必须深刻铭记！九一八事变虽已过去 90 多年，但它留给我们诸多警示和教训，其中一个非常重要而深刻的警示和教训就是：勿忘国耻、以史为鉴。

勿忘国耻、以史为鉴，我们必须充分认识到摆脱经济落后局面，做到政治自强的重要性。落后就要挨打，霸权主义的本质特征就是以强凌弱、欺软怕硬，国家强大才能免受霸权欺凌。近代中国经济落后是造成国门洞开的一个重要原因。我们必须清醒地认识到，使中华民族国土沦陷、民族遭受耻辱的，除了侵略者外，政府的懦弱无能也是重要因素。弱国若想打破弱肉强食的现实，摆脱落后就要挨打的境遇，必须坚信"发展才是硬道理"，只有不断地解放和发展社会生产力，不断地增强综合国力，国家才能长治久安。这就激发国人既要在和平崛起中富国强民，又要增强自己的实力去面对任何外来势力的挑战。只有强国才能抵御强敌，才能有效地防止历史悲剧的重演，才能防止战争的再次降临。我们的国家还需不断强大，虽然新中国成立后特别是改革开放 40 多年来，我们在经济、政治、文化、外交、军事等各方面取得了巨大成就，我们正在走向世界舞台中央，但必须看到，我国仍属于发展中国家，与西方发达国家还有很大差距。我们必须正视历史，努力发展、加快发展，在持续推进中国特色社会主义伟大事业发展中，使中华民族不断强大。我们必须深知：强国富民才是中华民族自身生存发展、实现伟大复兴的最大保证。

勿忘国耻、以史为鉴，我们必须深刻认识到保证国家统一、政局稳定、社会和谐、民族团结的必要性。分裂就要遭殃，团结统一才能抵御外敌入侵。蒋介石集团"安内"放在"攘外"之先的反动政策造成的分裂给日本帝国主义发动九一八事变提供了可乘之机，侵略者得以落井下石，如果继续分裂，苦难的中国人民将更加遭殃，雪上加霜。家和不受外人欺，内部失和，外力易入，分裂必然挨打。九一八事变后，推家至国的爱国精神突出表现在国家利益、民族利益超过了各阶级、各政治集团的利益。各政党、各阶层、各业界甚至不问世事的僧尼都以实际行动投入抗日救国的大潮中。正是由于九一八事变之后的强敌入侵，中华民族的民族意识重新觉醒，中华民族的强大凝聚力空前加强，全民族一切正义之士以此为动力，团结起来坚决顽强地抗击日本侵略者。依靠这种不屈不挠、同仇敌忾、团结御侮的精神，中国人民才经过 14 年的艰苦抗战，打败了日本帝国主义，取得了中华民族史上第一次民族解放战争的伟大胜利。今后我们必须在中国共产党的坚强领导下，万众一心、勠力同心、众志成城，加强民族团结，促进社会和谐，保持社会稳定，从而为持续推进中国特色社会主义伟大事业，为实现中华民族伟大复兴提供切实保障。

勿忘国耻、以史为鉴，我们必须切实认识到坚持独立自主外交原则的关键性。外交追求的是国家利益的最大化，外交不能软弱，外交的艺术在于知己知彼。依附没有出路，独立自主才能赢得民族尊严。九一八事变后，蒋介石南京国民政府一方面发表告世界民众书，以换取世界民众的同情；另一方面，发表《告全国国民书》，"要求国人镇静忍耐"，并企图依赖国联公正处理。这种对内对外方针充分说明当时的南京国民政府对国力缺乏信心，认为国家实力不如日本；企图依赖国联，依附欧美，运用外交手段使日本退兵或不使事态扩大。我们必须看到，国联是各帝国主义国家为了缓和国际冲突，相互妥协的产物，组织本身不具有强制性，而日本帝国主义侵略我国东北就是对国际公约的践踏，那么国联对它就更不会有什么约束作用。在侵略者面前，任何外交上的软弱退让，都不会得到任何好处，只能招来更大的野蛮和放肆，侵略者的胃口不但随着被侵略者的软弱程度而膨胀，而且是无止境的。外交战略是一个包括经济外交、政治外交和军事外交三方面的整体，它只是处理国际争端的手段之一，而不是唯一手段。今后，中国在发展中，在外交方面，必须坚持独立自主原则，依靠自己的综合国力处理各项国际事务，维护国家主权和国家尊严。

总之，勿忘国耻，并不是为了报复和铭记仇恨，而是要做到以史为鉴，看清我们的历史责任，避免悲剧重演。历史警示世人，只有集中精力搞建设、一心一意谋发展才能使国家繁荣富强起来，才能使国家有一个稳定的政治局面；只有坚持独立自主的和平外交方针和奉行睦邻友好的政策，才能在良好的国际环境下进行现代化建设，实现世界乃至全人类的和平与稳定，中国才能对世界发展作出更大的贡献。

第二章

关于九一八事变发生的历史背景

探究历史背景、梳理历史发展脉络是研究历史事件的基本前提，是科学把握历史事实的有力保障。九一八事变的爆发不是偶然的，它是日本军国主义发展的必然结果。进入近代以来，日本逐步走向军国主义道路，确立了以军备和对外扩张为国家最高目的的政策。在对外侵略扩张过程中，日本帝国主义攫取了中国东北南部的利益，为其进一步发动战争、扩大侵略准备了条件。

一、日本军国主义侵华政策的形成与发展

辽宁、吉林、黑龙江三省，地处中国东北部，通称东三省。东三省幅员辽阔，总面积 130 余万平方公里，人口近 3000 万[①]。境内群山绵亘，森林茂密，矿藏丰富，江河交错。辽阔、肥沃的东北土地盛产大豆、高粱、小麦、水稻和各种经济作物。长达 2000 余公里的海岸线，不仅盛产鱼、盐，而且有一些天然良港广通舟楫之利。东北各族人民自古以来就在这块丰腴的土地上生息、繁衍，用勤劳的双手和聪睿的智慧营造着自己可爱的家园。

东三省不仅有广阔而富饶的大地，并且是我国的边陲重地和战略要冲。因此，很早就为外国侵略者所觊觎。17 世纪中叶，沙皇俄国军队越过欧亚交界的乌拉尔山，首先侵入黑龙江流域。19 世纪中叶以后，沙皇俄国政府不断强迫清政府陆续签订了《瑷珲条约》《北京条约》等一些不平等条约，逐步霸占了我国黑龙江以北和乌苏里江以东 100 多万平方公里的土地。

---

①东三省总面积和总人口系按 1931 年九一八事变前计算。

　　从 1840 年鸦片战争起，西方侵略者纷至沓来，穷凶极恶地发动了一次又一次对中国的侵略战争，使中国一步步坠入半殖民地的深渊。随着帝国主义列强对中国侵略和宰割的加剧，日本和沙俄对我国东北的争夺也更为激烈。

　　中国和日本同是亚洲土地上的两个古老的国家，又是一衣带水的邻邦，自古以来就有着经济、文化的友好往来。但是到了 19 世纪 60 年代末，情况发生了重大变化。1868 年，日本开始实行明治维新，废除封建割据，建立了新兴资产阶级和封建地主阶级联合专政的国体，而在政权上则是一个奉行军国主义的绝对专制的天皇制政体。所谓军国主义，是以军备和对外扩张为国家的最高目的，一切政策都服从于这一目的的政治主张。明治维新后，日本资本主义有了一定程度的发展，但由于资本主义改革的不彻底，一系列矛盾并未从根本上解决，仍有许多束缚发展资本主义的障碍。首先是未能彻底消灭封建剥削制度，解决农民的土地问题，旧有的封建势力依然很强大，农民继续受封建地主高额地租的盘剥，因而不断爆发农民起义和反对地税改革的起义；其次是新兴的资产阶级又和地主阶级相勾结，通过其代理人控制着政府和军队，形成了军阀官僚统治集团，对日本广大工农群众实行残酷的剥削和压迫，使日本国内阶级矛盾加剧。

　　由于封建的和资本主义的双重剥削，广大日本人民非常贫困。同时，日本国土狭窄，物产不丰，原料极端缺乏，原始资本积累不足，经济基础十分薄弱，国内市场十分狭小。所以，日本统治阶级便奉行疯狂向外侵略扩张政策，积极寻找市场和殖民地，同时也力图用对外战争来缓和国内尖锐的阶级矛盾。明治维新以后，在日本军国主义形成的同时，日本很快就确定了以"开拓万里波涛，布国威于四方""强兵为富国之本"的对外侵略扩张的大陆政策。日本大陆政策是以征服朝鲜、占领中国东北及蒙古东部，进而侵略全中国，再称霸亚洲为目标。日本军国主义为实行对中国侵略的实际步骤，将第一个军事行动目标指向中国东南部海域的台湾。1874 年 5 月，日本以报复琉球失事渔船漂流民在台湾被杀害为借口，发动了侵略中国领土台湾的战争。是年 10 月，清政府与日本签订《中日北京专约》。这个专约内容共有三款：一是日本退兵；二是中国赔款 50 万两；三是中国承认日本此次侵台为"保民义举"，实际上等于中国承认琉球为日本属国。1875 年，日本强令琉球断绝与中国的宗属关系。1879 年，日本改琉球为冲绳县，正式将其纳入日本版图。

日本在第一次侵略中国台湾中得到了好处，立即将注意力转向清王朝的属国——朝鲜。朝鲜和中国自古以来经济、文化相通，是一江之隔的毗邻，形成了唇齿相依的友好关系。1840 年以后，中国这个老大的封建帝国向半封建半殖民地堕落，清朝政府积弱不堪，但依然维持与朝鲜的关系，这是日本帝国主义吞并朝鲜的一大障碍。日本企图从干涉朝鲜内政入手，使其脱离与中国的宗属关系，然后吞并朝鲜，使朝鲜成为侵占中国东北、向大陆扩展的跳板。日本对朝鲜的图谋是从制造江华岛事件开始的。1875 年 9 月 20 日，日本海军驶入汉城西南江华岛海域，轰毁岛上炮台，攻陷永宗城，大肆屠杀朝鲜军民，并迫使清政府承认朝鲜为"自主国家"。最后日本于 1876 年逼迫朝鲜签订了《日韩修好条约》（即《江华条约》），规定朝鲜为自主之邦，允许日本在朝鲜京城建立使馆和开展自由贸易。这个条约标志着朝鲜开始沦为日本的附属国和殖民地。之后，日本在朝鲜问题上得寸进尺，日本统治集团中一部分人便主张速取朝鲜以与中国决战。

1893年，朝鲜农业歉收。1894年春，朝鲜南部全罗道古阜郡首先爆发东学党领导的农民起义。4月间，忠清道等地农民纷纷响应，义军蜂起，遍及全国。东学党提出"逐灭夷倭""驱兵入京，尽灭权贵"等口号，得到广大农民的支援和拥护。东学党领导的农民起义军于4月攻克全罗道首府全州，朝鲜政府惊慌失措，遂请求中国出兵戡乱。当中国军队到朝鲜时，事态已经平息。中国军队没有直接参与镇压朝鲜农民起义军的行动，并声明："一俟事竣，仍即撤回，不再留防。"[1]

但日本为寻求侵占中国借口，其内阁于1894年6月2日决定出兵朝鲜，并迅速实施。此时，朝鲜农民起义已经平定，且中国军队也已退至朝鲜的牙山湾待命回国。6月17日，日本政府却向中国政府提出日中两国共同改革朝鲜内政的要求。中国政府拒绝了日本要求并提议尽快共同撤兵。而日本非但拒绝撤兵，其海军还于7月25日在丰岛海面突然不宣而战，击沉中国运兵船，发动了侵略中国的甲午战争。中日两国开战之后，由于清政府腐败无能，加之军事指挥失当，战事一开始中国军队即节节败退。9月17日，中日海军在黄海展开大海战，中国北洋舰队受到重创。11月，日军占领旅顺、

---

[1] 王芸生编著：《六十年来中国与日本》（第2卷），生活·读书·新知三联书店1980年版，第28页。

大连。1895 年 1 月，日军攻下威海卫，北洋舰队投降，海上战事结束。陆上战事持续约半年时间，自 1894 年 9 月中旬至 1895 年 3 月，日军攻占朝鲜平壤，次第攻下安东（今丹东）、九连城、凤凰城、岫岩、营口。1895 年 3 月 9 日，日军攻陷田庄台，陆上战事结束。

甲午中日战争后，日本强迫战败的清政府签订了《马关条约》，中国确认朝鲜为完全独立国，割让辽东半岛、台湾岛及其附属各岛屿和澎湖列岛，中国向日本支付 2 亿两白银（相当于 3 亿日元）的巨额赔款，开放沙市、重庆、苏州、杭州等地为通商口岸。《马关条约》签订后，由于日本割占了辽东半岛与沙俄在远东的利益发生矛盾，沙俄联合法、德两国采取一致行动，对日本施加压力，使其放弃了辽东半岛，中国另向日本交出赎银 3000 万两。《马关条约》是自鸦片战争以后到 19 世纪末中国所遭受的最苛刻的条约，给中华民族造成了严重危机和灾难。

甲午中日战争，使日本获得巨大利益，其军国主义得到进一步发展，军力侵略欲望也进一步膨胀。日本从中国掠夺的 2.3 亿两白银，折合 3.5 亿日元的赔款，相当于当时日本 3 年的预算支出。其中 2.2 亿日元用于扩充军备。1896 年，日本通过庞大的军事预算案，把陆军从 6 个师团扩充到 10 个师团，海军舰队从 8 万吨扩大为 27 万吨①。在国内修建了许多军事基地和军需工厂，军费开支比甲午中日战争之前增加了一倍，达国家开支的一半，用以保证以扩充军备

---

① 周一良、吴于廑主编：《世界通史》（近代部分）下册，人民出版社 1972 年版，第 326 页。

为核心的所谓产业革命的进行。不仅如此，甲午中日战争之后的日本，随着把中国台湾、澎湖列岛作为殖民地据为己有，对朝鲜进行半殖民地式的压榨和掠夺，在世界上同欧美列强开始竞争，并同英国和美国相勾结，欺凌弱小国家。甲午中日战争之后的日本已带有帝国主义的各种特征，因此，这一军国主义国家又变成了帝国主义国家[①]。甲午中日战争后的50年间，日本帝国主义成为中国人民最凶恶的侵略者和最贪婪的掠夺者。

二、日本加紧对中国东北的侵略步伐

甲午中日战争后，由于俄、德、法三国的干涉，日本退还了辽东半岛，暂时阻遏了日本帝国主义侵略中国的势头。但俄国以"有功"于中国而自居，对清政府进行拉拢和利用，以财政、经济力量等"和平渗入"的办法逐步谋求其在华、特别是在中国东北的利益。1896年6月3日，中俄签订《御敌互相援助条约》（通称之为《中俄密约》）。9月2日，中俄双方又签订《东省中俄合办铁路公司章程》。根据《中俄密约》，东清铁路（后改为中东铁路）于1897年8月正式动工修筑。1898年，中俄又先后签订《旅大租地条约》和《旅大租地续约》。根据上述条约，俄国获得了中东路的修筑权和旅顺、大连的租借权。

俄国的野心引起了日、英、美等国的激烈反对，英、美决定扶植日本对抗俄国，以削弱俄国在中国东北的势力。在英、美和法、

---

①[日]井上清著，宿久高等译：《日本帝国主义的形成》，人民出版社1984年版，第29页。

德等国的煽动下，1904年2月，爆发了争夺中国东北的日俄战争。这次战争历时1年零7个月，以俄国战败而告终。日、俄两国交战，主战场则是在中国土地上进行。处在陆上战区的东北大地，特别是辽宁地区的广大民众再一次受到战火的无情摧残，饱尝了战争带来的痛苦和灾难。但是，日、俄两国在美国调停下，于1905年9月5日签订的《朴次茅斯和约》却是在中国完全不知情的情况下，使中国东北的南部地区成为日本的独占势力范围。日本夺得了沙俄在旅顺、大连的租界地及中东铁路支线自长春起至大连段的南满铁路的路权。这次日俄战争，正如后来有人评述的："日本无形中扩张其权力颇巨，战败的俄国，所失者不过在中国已得的权利，而中立的中国，受无辜之累，损失较战败国更巨，天下事之不平，宁有过于此乎？"①

日俄战争后，日本帝国主义继续在中国东北巩固和扩张其殖民统治，为其发动更大规模的侵略战争创造条件。日本占据旅大租借地之后，仍沿用沙俄统治时期名称，将其称为"关东州"。因为同以前的占领者沙俄一样，在日本侵略者眼中的"所谓'关东'系指

①蒋坚忍著：《日本帝国主义侵略中国史》，汉口奋斗报社1931年印行，第92页。

山海关以东的全满洲①而言"②。由此可见，日本将旅大继续称为"关东州"的用意在于攫取全东北。旅大租借地区，沙俄与中国订约时租期为25年；而日本从俄国手中取得租借地后硬将租期延长为99年。

---

①"满洲"一词，原本部族名称。《清史稿·太祖本纪》中说：太祖，姓爱新觉罗氏，讳努尔哈齐（后人也称努尔哈赤——作者注）。其先祖盖金遗部。始祖布库里雍顺……居长白山东俄漠惠之野俄朵里城，号其部族曰满洲。满洲自此始。另据清乾隆四十年（1778年）官修的《满洲源流考》记载：我朝肇兴时，旧称满珠，所属珠申，后改称满珠，而汉字相沿为满洲。清太宗皇太极天聪九年（1635年）废除女真旧有族号，改族名为"满洲"。这样，"满洲"一词就成了部族名称，即今之满洲族。1911年辛亥革命后，中华民国官方号称中华五大民族——汉满蒙回藏，满洲族即其一，后来满洲族通称满族。"满洲"一词作为东北地区的替代名称，在19世纪末和20世纪初就已出现。当时，随着列强对我国东北的蚕食、侵略，在沙俄和日本帝国主义与中国官方签订的中外条约和日俄历史文献中，对辽、吉、黑三省有时称为东三省，有时则直呼"满洲"。日俄两个军事封建帝国称东北为"满洲"，其目的是要把东北地区和中国本土分割开来，不承认东北是中国领土的一部分，是别有用心。辛亥革命后，我国一些研究东北地区历史或满洲族历史的著作中，甚至官方文献也经常把本来是满族发祥和居住的东北三省称为"满洲"，后来竟约定俗成，把"满洲"变成辽、吉、黑东北三省的代名词。葛绥成在其编纂的《最新中外地名大辞典》中说："满洲本满珠的平读音，汉字作满洲，盖因洲字义近地名假借用之，遂相沿耳，实则为部族之称而非地名，俗人乃往往以'满洲'二字概指东北三省之地，实属大谬。"清朝统治者入关后，把东北地区视为他们先人的"龙兴之地"，每年来盛京（今辽宁）朝拜，因此又习惯把东北称为"满洲"。这样，从清初到1931年九一八事变前后，"满洲"这一称谓便广泛流行起来。中国共产党在20世纪20年代初成立后，在党内的一些历史文件中，关于东北地区的表述也沿用了习惯的叫法，有时把东北称为"满洲"，如中共二大宣言中就有"张作霖在满洲的势力并未失坠……"的字样。后来，中共东北地区组织，也被约定俗成地称为"中共满洲省委"；在中共东北地区组织的历史文献中"满洲"完全代替了东北。后来，由于列强特别是日、俄两个帝国主义国家，为达到其霸占东北的目的，也极力利用"满洲"这一称谓把东北和全中国分割开来，先是策划所谓的"满蒙独立运动"，继之发动九一八事变，炮制"满洲国"，"满洲"这一称谓也就理所当然地受到国人反对。于是，随着中国抗日战争和解放战争的胜利，"满洲"作为东北地域代称这一历史上流行一时的称谓也就停止了使用。

②蒋坚忍著：《日本帝国主义侵略中国史》，汉口奋斗报社1931年印行，第92页。

日本政府为加强对租借地区及整个满蒙的侵略统治，从1906年开始，先后建立了"关东厅""关东军司令部"和"南满洲铁道株式会社"（简称"满铁"）等3个侵略满蒙的大本营。

"关东厅"是日本在租借地建立的行政机构，它的建立有一个过程。先是1905年，日本侵略军以天皇第156号敕令在大连设立"关东州民政署"，受理日军占领区的民政，主要是镇压中国居民的反抗，维持所谓治安。同年9月，日军在辽阳设立了"关东总督府"。1906年5月，日本将"关东总督府"改为"关东都督府"并迁至旅顺。"关东都督府"分别由日本外务大臣、陆军大臣、参谋总长监督统理一切政务、军务。"关东都督府"下设民政、陆军两部，对租借地区行政、军事、司法、经济、文化等实行全面统治。1919年，为调和"关东都督府"与外务省一些部门的矛盾，日本天皇敕令废止"关东都督府"，另创"关东厅制"，实行军政分开。"关东都督府"和"关东厅"实质都是在中国领土上建立的殖民统治机构，是日本对东北及全中国进行扩大侵略的基地。

"关东军司令部"是日本租借地的军事机构，驻地旅顺。1919年，日本陆军部单独成立"关东军司令部"，由现役陆军大将或中将担任司令官，直属天皇。"关东军司令部"的职责是统率驻南满的陆军部队即关东军，守护关东州及南满铁路。"关东军司令部"下属的军事机构有驻扎师团和独立守备队。日军在铁路沿线驻扎1个师团，师团司令部驻辽阳，旅团及步兵联队分驻沿线各城镇。独立守备队辖6个大队，分驻长春、公主岭、开原、奉天、大石桥、连山关、瓦房店等地，独立守备队司令部驻公主岭。"关东军司令部"还下设关东宪兵队、旅顺要塞司令部、旅顺重炮大队等军事机构。在"关东军司令部"指挥下的军警"'星罗棋布',总数虽不可知,然大概至少在3万人以上","一旦有事皆可作战兼之韩满交通便利,号令一下,最短时间,日军即可集中于全满洲"。[①] 关东军依恃其武装力量在南满地区横行无忌,不断制造各种血案,关东军和它的特务机关还密谋策划了一系列事件,阴谋挑起事端,以达到武装侵略全东北的目的,直至九一八事变,关东军成为侵略中国的急先锋。

"满铁"是日本在租借地管理铁路的组织机构。"满铁"于1906年11月26日在东京成立,1907年4月迁至大连。"满铁"最初创立的动机和目的在于谋取对中国政治、经济的侵略,是代表日本国家使命的特殊机构。表面上看,它是一个经营铁路的商业机构,实际上,它与商业公司完全不同。它"和普通的公司不同,因为它是代表国家使命,是一个行使国家事业上的特殊机构,它创立的动机完全在谋取政治的经济的侵略"。[②] 日本方面也承认"满铁"是日本对中国东北外交、经济、国防等各方面发展动力的中心机构,所以"满铁""归根到底即为日本亚洲政策的主干,也即是确保日本国家生命线的前卫""满洲的经营,为掌握着日本国防上、产业上的生命的重要事业,'满铁'的经营则又为这一生命线的核心,所以'满铁'经营方针所体现的,即为日本国策的反映"。[③] 也可以说它是一个最初对满洲,其次对中国继而对列强制定有效策略与行使

①蒋坚忍著:《日本帝国主义侵略中国史》,汉口奋斗报社1931年印行,第98页。
②蒋坚忍著:《日本帝国主义侵略中国史》,汉口奋斗报社1931年印行,第93页。
③东亚同文会编:《对华回忆录》,商务印书馆1959年版,第309、342页。

权力的据点[①]。正因为"满铁"具有与一般商业公司所不同的特殊职能，日本政府也以最大的力量和资本支持它的经营活动。"满铁"以其雄厚资金从事广泛性的经营，除直接经营铁路修建、运输业外，还经营开采矿业、水运、电气、土木建筑、仓库、伐木等。"满铁"直接经营的铁路主线达1100余千米，还修建了一批港湾和码头设施，几乎垄断了南满地区的铁路、海港运输和进出口贸易。

为适应广泛性经营和从事政治、经济、军事性活动的需要，"满铁"下设一个调查部，这是"满铁"中的一个特殊机构。这个机构最初称为"调查课"，"满铁"内部一直称它为"调查部"。有知情者这样评价，如果说"'满铁'本身不单是一个股份有限公司，它还具有类似日本政府职能"的话，"而调查部就是这个机构中的一个细胞"[②]。"满铁"调查部的业务是"经营满铁需要的旧的习惯调查及关东军需要的军事地志"以及"地势、水质、道路、资源、人口等项的调查"。[③] 但调查部实际调查的范围已远远超出"满铁"的经营范围，凡是有关中国东北及全中国的政治、军事、经济、历史、地理等等无所不包括在内，特别是注重军事方面的调查。"满铁"调查部和关东军司令部参谋部第二课（情报课）是业务对口单位，有时调查部员就是根据军方命令工作。调查部的工作范围不仅局限

---

① ［日］草柳大藏著，刘耀武等译：《满铁调查部内幕》，黑龙江人民出版社1982年版，第6页。

② ［日］草柳大藏著，刘耀武等译：《满铁调查部内幕》，黑龙江人民出版社1982年版，第5页。

③ ［日］草柳大藏著，刘耀武等译：《满铁调查部内幕》，黑龙江人民出版社1982年版，第5页。

于东北及中国内地，有时还要去别国进行情报搜集工作。可以说，从日俄战争之后到九一八事变日本侵华战争期间，日本对中国的每一次重大行动，几乎全与"满铁"调查部有关。

除上述机构外，日本还在东北各地设置总领事馆和领事馆。所有这类领事馆同样负有日本侵略谋占东北的使命，所以它与"关东厅""关东军司令部""南满洲铁道株式会社"并列为"四头政治"①。

日本政府既已获得旅大租借及南满铁路权益，就以此为基础进一步推行其扩张政策，不断提出各种无理要求。1909年2月，日本驻华公使伊集院彦吉综合中日间所谓未决问题悬案与中国政府进行交涉，主要有：日本干涉阻挠美国与东三省合作修建新（民）法（库）铁路问题；南满铁路大石桥到营口的支线问题；日本要求京奉线铁路延展到沈阳城根，以与南满路合设一站问题；日本要求获得抚顺、烟台煤矿问题；日本要求安奉路沿线矿务开办权；日本要求获得间岛②主权问题。这些问题，直接损害中国政治、经济利益及中国主权，日本的目的在于全面控制东北南满地区。但日本并不以在东北南满地区获得的利益为满足，而是利用一切机会向整个中国进行扩张。1915年，日本政府向中国提出损害中国主权的"二十一条"。1919年，

①国难资料编辑社编：《日本大陆政策的真面目》，生活书店1937年版，第44页。
②所谓间岛，原指我国东北图们江北光霁谷前的一段滩地，中国农民俗称江通。清同治八年（1869年），朝鲜咸镜北道农民因饥馑违反中国禁令私自租用上述滩地开垦耕种，并挖通一沟使图们江水环滩而过，遂使滩地介于二水之间，故朝农称其为"垦岛"，又称"间岛"。日本政府为控制这一地区，提出设置领事和警察，并指整个延吉一带为间岛，后经中国坚持，在1909年7月中日订立的《间岛协约》中，日方虽承认此地系中国领土，但坚持设立领事馆和警察署。

在结束第一次世界大战的巴黎和会上，日本又乘机攫取了战前德国在中国山东的权利。

第一次世界大战结束后，由于美国国会没有批准巴黎和约，也不参加国际联盟活动，国际间许多战后问题没有解决。为了解决国际间的海军军备和远东太平洋问题，美国于1921年11月12日召开华盛顿会议，有美、英、法、意、日、葡、比、荷、中等9国参加。华盛顿会议于1922年2月6日结束，签订了《九国关于中国事件应适用各原则及政策之条约》（通称《九国公约》）。在公约第一条里指出：除中国外，条约各国协定，尊重中国之主权及独立，暨领土与行政之完整；给予中国完全无碍之机会，以发展并维持一有力巩固之政府；施用各国之权势以期切实设立并维持各国在中国全境之商务实行机会均等之原则；不得因中国状况，乘机营谋特别权利。《九国公约》是美国主张的中国门户开放、各国在华机会均等政策的具体体现，它的目的在于造成各帝国主义列强共同控制中国的局面，打消日本独占中国的计划。

在中国国内，俄国十月社会主义革命后，马克思列宁主义传入中国。1919年，爆发了反帝反封建的五四爱国运动。1921年，中国共产党成立。1922年7月，中国共产党第二次全国代表大会提出了反帝反封建的民主革命纲领，从而揭开了中国民主革命运动的新篇章，促进了中国人民大众反帝反封建斗争的发展。

由于上述历史背景，华盛顿会议后，日本在外交上曾一度陷于孤立，日本政府对中国侵略扩张的步伐在形式上不得不稍稍放缓。1924年（日大正十三年），日本宪政党总裁加藤高明组成"护宪三派"的联合内阁，起用驻美大使币原重喜郎为外相。币原重喜郎作为日本全权代表曾在华盛顿会议中主持中日直接谈判，受《九国公约》条文的限制，加之日本大隈内阁提出"二十一条"，引起中国人民强烈反日情绪，所以币原重喜郎就任外相后，修改调整对华政策，提出所谓尊重中国主权，不干涉中国内政；中国人民之合理要求，以诚意与同情接受之；日本在中国之权益，以合理方法保护之的"币原三原则"。日本国内军方及急进派则称其为"国际协调主义""软弱外交"。1926 年，加藤高明首相死去，由同属宪政会的若槻礼次郎继任首相，币原重喜郎仍留任外相。

1924 年 1 月，中国形成第一次国共合作，并随之促成了 1926 年国共合作的北伐战争的发动。中国革命形势的发展，使各帝国主义甚为不安。他们害怕中国革命的发展，深恐中国的统一会危及其在华利益，因此千方百计阻挠北伐战争的进行。在北伐军北上途中，1927 年 1 月，日、英、美、法四国即确定集结 5000 兵力到上海的计划，以维护帝国主义者权益。日本已做好出动 1500 名陆战队士兵的安排。即使如此，1927 年 3 月 24 日、4 月 3 日，北伐军分别在南京、武汉与日军发生两次流血冲突之后，日本国内急进分子斥责币原外交软弱，认为政府侈谈保护侨民生命财产万无一失，一味袖手旁观，因循敷衍，并把南京、武汉事件说成是"共产势力"所造成的。日本陆相宇垣在一份意见书里说：中国的赤化有迟早要从直隶威胁到满蒙的危险性，断言今后继续靠"隐忍持重"政策不能阻挡大势，并建议各国协调，用实力来阻止"共产势力"。正当北伐军收复南京、上海时，日本国内因金融恐慌，若槻内阁于 4 月 17 日总辞职，由政友会总裁、退役陆军大将田中义一继起组阁，任首相自兼外相。

田中义一一上台，便加紧了对中国的侵略步伐。1927年6月1日，田中义一以保护在华日人安全为由，派遣一个旅团到青岛，侵害中国主权、干涉内政。田中义一的接续行动就是主持"东方会议"，进一步制定日本侵华，特别是侵略东北的新政策。1927年6月27日至7月7日，"东方会议"在东京召开，参加的人员有：内阁首相兼外相田中义一、外务次官森恪及外务省有关官员；驻华使馆、驻奉天、汉口、上海总领馆人员；关东厅、关东军、朝鲜总督府官员；陆军省、海军省、大藏省官员。此外，还有陆军、铁道、内务、大藏、文部、农林大臣等内阁成员作为列席观察员随时参加会议。参加"东方会议"总人数约30人，差不多集中了日本政府的实权人物。

"东方会议"讨论最为集中的议题是关于日本在满蒙的权益问题。会议最后一天，即7月7日，由田中义一发表《对华政策纲领》，并对纲领作了说明。纲领共分8条，前5条为属于中国全局的问题，后3条是属于所谓满蒙地区的问题。纲领及说明，对满蒙提出了明确的方针与对策。主要内容是：（1）关于满蒙与日本的关系问题。纲领第6条指出："满蒙，尤其是东三省地方，因与我国防及国民生存具有重大利害关系，我不仅必须予以特殊考虑，且对该地区和平之维持与经济的发展，使之成为内外人士安居之所，作为接壤的邻邦，尤须具有责任感。"把满蒙作为特殊地区，进行特殊考虑，而且日本要负有特殊的责任，实际是日本已经把满蒙视为主权的一部分，为随时吞并这一地区制造舆论。（2）关于对东三省地方政权的支持问题。纲领第7条指出："东三省政局之稳定""有待于东三省本身之努力""东三省有力人士，如能尊重我国在满蒙的特殊地位""则帝国政府应予适当的支持"。田中义一在说明中解释说："如果东三省的统治者只要有与吾人相通之理法，谋求经济之发展，维持秩序，以期政情之稳定"者，不管是何人统治东三省，是张作霖也好，或者"其他人物治理东三省而符我方之主义方针"，日本就加以支持。田中义一进一步说：这一条"既非援助张作霖之意，亦非排斥张作霖之意"，日本的主旨是"坚持独自立场而行动"。这些话已经暗示，一旦张作霖有不尊重日本在东北权益的行为时，日本将不再支持他，伏下了日后对张作霖的杀机。因为这一条直接涉及日本政府对东北当权的奉系军阀的态度问题，所以田中义一发表对华政策纲领时指示第7条不许公布。（3）关于保卫日本在满蒙的权益问题。纲领第8条指出："万一动乱波及满蒙，治安紊乱，有分割我在该地特殊地位、权益之虞时，不论其来自何方，均应加以防护，并须做好准备，为保护内外人士安居发展，及时采取措施。"这一条表示了日本政府为保护其满蒙权益的决心。田中义一在解释这一条时说："侵害、压迫我在满蒙的特殊地位与权益可能来自中国本部，亦可能来自俄国或北满方面，再者亦可因东三省内部崩溃而引起，抑或亦可能由于中国以外的国家某种行动而发生，不问其原因如何……为维护我方之权益不能不讲究防护之手段。"通过《对华政策纲领》，"可以看出田中对中国东北的方针是将满洲作为中国的特殊地区和中国本土分离，并打算将满洲问题与满洲实权人物张作霖之间解决之"。①

---

① ［日］重光葵著：《日本侵华内幕》，解放军出版社1987年版，第21页。

田中义一在"东方会议"上发表的《对华政策纲领》是一种应当公开的外交性质的文件，故在行文中不能不用一些外交辞令加以粉饰。尽管如此，仍难以掩饰日本干涉中国内政和急于吞并满蒙的贪婪欲望。在"东方会议"期间，还分发了涉及历届内阁对华政策意见，关于中俄、中美、中英关系以及日本在华投资和对华经济发展方面文件，供与会者阅读①。

1927年7月25日，田中义一综合"东方会议"上议定的各种政策，形成一个"帝国对满蒙之积极根本政策"的上奏文件，即后来通常所称的"田中奏折"。奏折以田中义一署名，铁道、大藏大臣附名，并请宫内大臣木喜德代奏上达天皇。

这个奏折共15大项27个标题，除直接阐述日本对满蒙的积极政策外，还涉及一系列具体经济开发方面的策划②。奏折的主要内容和观点有：（1）提出对满蒙实行积极政策，这是奏折的核心。所谓"积极政策"，就是加紧对满蒙地区侵略的经营，使其成为日本国家"永久隆盛"，完成大陆政策的基地。奏文说："满蒙之地不惟地广人稀，令人羡慕，农矿森林等物之丰，当世亦无其匹敌"，故日本"历代内阁之施政于满蒙者，无不依明治大帝之遗训，扩展其规模，完成新大陆政策，以保皇祚无穷，国家昌盛。"奏文认为：日本如果满蒙权利真正到手，"则以满蒙为根据""进而取全支那之利源"，是"大和民族之欲步武于亚细亚大陆者握执满蒙之利权的"第一大

---

① 《对华政策纲领》用文以1991年中华书局印刷的《日本帝国主义侵华档案资料选编》为准。

② "田中奏折"以1937年10月出版的《大陆政策真面目》一书所载中译文为准。

关键。"惟欲征服支那，必先征服满蒙，如欲征服世界，必先征服支那。倘支那完全可被我国征服，其他如小中亚细亚及印度南洋等，异服民族必畏我敬我而降于我。使世界知东亚为我国之东亚，永不敢向我侵犯。此乃明治大帝之遗策。"（2）提出满蒙非中国领土的谬论。奏文的第二项中说："兹所谓满蒙者，依历史非支那之领土，亦非支那之特殊区域。"又说：在日俄战争中日本宣战布告曾承认满蒙为中国领土；日本出于外交上的原因也不得不承认华盛顿《九国公约》中关于满蒙为中国主权的提法。上述两次承认满蒙为中国领土是日本的失算，"致祸我帝国对满蒙之权益"。为了达到使满蒙与中国分离的目的，日本今后的方针是："以得寸进尺方法而进入内外蒙古，以成新大陆。且内外蒙既沿王公旧制，则可与蒙古王公为对手缔结条约，以增强日本在内外蒙的势力。"对南北满，"则以二十一条为基础，勇往迈进"。另外附加在东北的权益14项如延长商租期限；获得日本在东部内外蒙古的自由居住权；获得在奉天、吉林等地的铁矿及煤矿开采权、森林采伐权；等等。这些特权的获得，既能保持日本已获得权利，又"可永久实享其利"。其实质就是为使满蒙脱离中国创造条件。（3）提出对朝鲜移民的奖励与保护政策。奏文中说：今日东三省朝鲜移民已达百万以上，这批移民为日本开拓满蒙处女地，为"帝国对满蒙的国防上、经济上添加无数势力"。奏文还提出：以满铁会社或东拓会社资助和利用一部分有中国籍的朝鲜人大量收买满蒙水田，"可作为我食料之增产以救国危，也是新殖民地开拓之机会"。奏文还把在中国东北境内的朝鲜人分为属中国国籍的归化朝鲜人和属于日本国民的朝鲜人两大类。

同时又指出，已经属于中国籍的朝鲜人也是"因一时之便宜而归化为支那民""不久仍然归复我国民"。奏文说如果在满蒙的朝鲜民"扩张至250万以上"时，一旦有事件发生，不论是属于中国籍的朝鲜人，还是属于日本国民的朝鲜人发生动乱，日本都可以利用此机会对其支持。（4）提出新大陆开拓与满蒙铁道修筑计划。奏文说：过去日本的铁路主要在南满，"即成之线，多以经济为目的""如徒赖南满铁路，必不能足。依我进出之将来及现状计，南北满铁路非全收归我手不可。殊如大富源之北满及蒙古方面，可为我发展之余地颇多有利……故不得不急进北满地盘，以计国家百年之隆盛"。今后必须加紧北满方面铁路建筑，同时"必须以军事为目的建设满蒙大循环线，这样既可以包围满蒙中心地，制止中国军事、政治、经济的发展""亦可防赤俄势力之侵入，这是新大陆开拓之关键"。奏文中提出了日本急欲在满蒙修建通辽至热河、洮南至索伦、长春至洮南、珲春至海林及吉林至朝鲜会宁等铁路的具体计划。特别是对建成吉（林）会（朝鲜会宁）路的意义作了详尽的说明，提出了以吉（林）会（朝鲜会宁）路线及日本海为中心的国策。奏文强调说明治大帝曾有第一期征服台湾，第二期征服朝鲜，第三期灭亡满蒙进而征服中国全土的遗策。而吉（林）会（朝鲜会宁）路的修建完成，日本掌握这条大动脉就是最后完成明治大帝遗策，也是"昭和新政之成功，新大陆政策之成功，征服亚细亚全洲之成功"。"田中奏折"的这些计划，赤裸裸地暴露了日本帝国主义灭亡满蒙、征服亚洲、称霸世界的狂妄野心。（5）奏文还涉及对满蒙贸易、变更南满铁道公司的经营及其附带事业的经济开发的具体问题，但都是围绕吞并满蒙完成大陆政策这样一个中心加以叙述的。

日本政府召开的"东方会议"及其形成的"田中奏折"是日本帝国主义侵略中国历史上的一个重大事件。1928 年秋，中国东北军政当局通过其对日交涉机构以秘密手段获得"田中奏折"，并于 1929 年 12 月首次公布于众，揭露了日本政府的侵略计划。

"田中奏折"确定的内容赤裸裸地暴露了日本帝国主义灭亡满蒙、征服亚洲、称霸世界的狂妄野心。"东方会议"后，日本帝国主义所走过的罪恶道路就是完全按照"田中奏折"拟定的侵略路线发展的。"东方会议"及其确定的对满蒙"积极政策"，是日本对华政策重大变化的一个标志。从此，日本开始了推行田中的"强硬外交"路线、加紧侵略中国步伐的时期。

国民党在南京建立全国性政权后，1928 年 4 月，国民党军队继续进行"北伐"，夺取奉系军阀所占据的地盘。但各帝国主义国家对南京国民政府的"北伐"所持态度并不相同，英、美等国为了抑制日本在中国东北、华北和山东半岛无限扩张的权利，表示支持"北伐"的意向。而南京国民政府进行北伐统一全国的行动和日本政府欲使中国长期分裂混乱，以便从中取利的政策相悖；日本同时又恐动乱波及满蒙，使日本权益受损，因此反对蒋介石进行北伐。4 月 17 日，当北伐军攻占泰安，威逼济南时，在济南的张宗昌部队已失去战斗力，甚至不打自溃。日本政府已看清奉鲁联军无法阻止国民党军队北进，便当即决定以保护胶济路沿线日本侨民的生命财产为由第二次出兵山东。从 4 月 21 日到 5 月 25 日，日本政府先后调华北驻屯军 3 个中队、日军第 6 师团、关东军第 3 师团等部共 1.5 万余兵力到达青岛、济南及胶济铁路沿线的重要城镇。此期间，日军在 5 月 3 日向济南国民党军队的攻击中，不分军民，大肆屠杀，一时间死伤枕藉，尸体满街。是日夜，日军闯入山东外交特派交涉员公署院内，将南京国民政府战地政委会外交处长兼山东特派交涉员蔡公时等 16 人杀害。这就是日本第二次出兵山东造成的济南惨案。日军在济南还炸毁火药库，占领兵工厂，抢劫商号，奸污妇女，无所不为。日军第二次出兵山东，制造济南惨案，使中国军民死伤总数达 9400 余人，其中死亡军民 3600 余人；直接经济损失 3000 万元①。

日本帝国主义第二次出兵山东，制造济南惨案，是一次明目张胆的侵略行动，暴露了其侵略野心。在整个事件中，国民党蒋介石一再采取妥协忍让政策，并提请国联主持公道，制止日军暴行，这无疑是与虎谋皮、缘木求鱼的办法。它不仅不能制止日军侵略，而且还使日本看清了南京国民政府的软弱本质，诱发了日本帝国主义敢于策划、实施更大规模侵略的野心。

三、奉系军阀的统治

日俄战争之后，中国东北的南部地区已成为日本的势力范围。为了维护在东北取得的权益，日本政府必须选择一个地方实力派做

---

① 蒋坚忍著：《日本帝国主义侵略中国史》，汉口奋斗报社 1931 年印行，第 193—225 页。

其代理人。这个代理人就是奉系军阀头目张作霖①。

张作霖，土匪出身，1902 年受清政府招抚，任新民府游击马队管带。1907 年，张作霖被任命为奉天省巡防营后路统领，驻郑家屯。1908 年，张作霖奉命移驻辽源，后移驻洮南府。因剿灭叛国匪帮有功，张作霖又进一步擢升为洮南镇守使。辛亥革命爆发后，张作霖率兵进入省城镇压革命党，受到保皇派官僚、东三省总督赵尔巽赏识。中华民国成立后，张作霖被任命为奉天陆军第 27 师师长、陆军中将。此后，张作霖先后排挤赵尔巽等人，于 1916 年当上奉天督军兼省长。接着，又将势力扩展到吉林、黑龙江，成为独霸一方的"东北王"。随着地盘的扩大，奉系的军事力量也迅速增大。到 1921 年底，已有 5 个师、23 个混成旅、3 个骑兵旅、20 余万人，成为当时全国最大的军事集团之一。

为了支付庞大的军费开支，奉系军阀采取增加税收、兼并土地、举借外债、滥发纸币等手段，大肆搜刮东北民众。战争期间，奉军一年的支出，等于奉天全省一年的收入。他们的势力扩展到哪里，哪里的税收就急剧增加。为了弥补开支的不足，奉系军阀还向日本大量举借外债。而每次借款都是以出卖国家利益为代价。日本的海

①张作霖（1875—1928），字雨亭，辽宁海城人，出身绿林。1902 年被清廷招抚后，任新民府游击马队管带，由匪而官，为其日后的飞黄腾达打下了基础。1911 年辛亥革命爆发，东三省总督赵尔巽把驻洮南的奉天省前路巡防统带张作霖调到奉天镇压革命党人，为张攫取奉天权力提供了有利条件。中华民国建立后，1912 年袁世凯为扩充实力，拉拢张作霖，任张作霖为奉天陆军第 27 师师长，并授予中将军衔。1920 年直皖战争中，联直反皖，战后与直系军阀共同控制北洋政府，任东三省巡阅使兼蒙疆经略使。1927 年 6 月，在北京组织安国军政府，自称海陆军大元帅。1928 年 6 月，被日军炸死。

外投资绝大部分在东北，许多日本人当上了东北当局的顾问。东北当局对日本的依赖，促使日本增强了吞并中国的野心。

张作霖是一个极端仇视革命的反动军阀。在他统治下的东北，禁止任何革命政党的活动，无论是早期的同盟会员还是国民党员，都曾遭到他的严厉镇压，有的被杀被囚，有的被迫逃往外地。

以张作霖为代表的奉系军阀，不仅是东北地区的军事政治首领，也是东北地区最大的地主、高利贷者兼资本家。张作霖趁中央政府宣布"旗地""官地"拍卖放垦之机，在内蒙古东部和东北取得了大量土地。据不完全统计，张作霖共占有土地345万亩。此外，张作霖在奉天有银行和钱号及当铺、烧锅、粮栈多家。八道壕煤矿、西安（今辽源）煤矿公司、奉海铁路、奉天纺纱厂，东北一些中日合资企业，都有张家的投资。奉系其他军政官员也都拥有大量土地和财产。

奉系军阀对土地主要是采用封建租佃制经营方式；对工矿企业采用封建把头制经营方式；对金融业沿用封建落后的高利贷方式。奉系军阀依靠日本帝国主义的势力，将东北变成一个在经济、政治、军事上同中央政府保持相对独立状态的半殖民地区域。

张作霖自掌握东北军政大权以后，也需要一个强有力后台的支持，这个后台便是日本帝国主义。张作霖通过各种途径与日本政府的有关人员进行接触、联络，表示与日本合作的意愿。他表示对日本在满蒙的特殊地位十分了解，对日本开发满蒙一事抱欢迎态度；又表示在中国南北冲突中，力避投入政治旋涡，一意和日本提携，维持东三省和东蒙的安定秩序，以专心致力开发①。而日本政府也了解和认识到张作霖在满洲有特殊势力与地位，认为他倾向日本对日本有益，反对日本对日本无利。日本如果利用张作霖在东北的特殊地位，便可在满洲为所欲为②。

张作霖表明他投靠日本的决心，日本政府也确立支持张作霖的政策，从而形成了日本与张作霖互相勾结、互相利用的错综复杂的关系。

日本对张作霖及奉系军阀的支持，主要是供应军火、派遣军事顾问、提供贷款等。奉系军阀所需的军火，除了向西方国家购买一部分外，主要由日本供应。1921年，日本原敬内阁决定扩大满蒙利权的方针，其具体方法是："支持'掌握满蒙实权'的张作霖，确立在东三省的牢固地位。"③基于这种政策，日本除继续扩大对张作霖的军火供应外，并提供大部分设备，派遣专家和顾问帮助建一批军工企业。这批军工企业有的发展到很大规模。

关于派遣日本顾问，据有关资料记载："从1913年至1931年九一八事变前，张作霖父子先后聘用日本顾问18人，其中军事顾问1人，私人顾问3人，普通顾问及警察顾问各1人。"④这些日本顾

---

① 东北地区中日关系史研究会编：《中日关系史论丛》（第1辑），辽宁人民出版社1982年版，第258页。

② ［日］后藤新平：《中日冲突之真相》，转引自王芸生编著：《六十年来中国与日本》（第7卷），生活·读书·新知三联书店1982年版，第55、56页。

③ ［日］信夫清三郎编：《日本外交史》（下册），商务印书馆1980年版，第473页。

④ 陶尚铭、关根勤：《张作霖和他的日本顾问》，载《文史资料》（第51辑），第185页。

问名义上是对奉张政权在治理政策、军事、财政、警务方面进行襄理和赞助，并承担对日本朝野的疏通和联络工作，但日本顾问大都经过日本参谋部的遴选，并经过日本驻东北特务机关指示，收集各种情报进行特务活动。有些日本顾问如本庄繁、土肥原贤二等对东北军政当局的情况了如指掌，在九一八事变时成为侵略中国的首恶分子。

日本还在经济上对张作霖提供一定数量的贷款，以支持其庞大的军费开支。这种贷款的准确数字很难统计。据有关书刊记载，从1916年到1927年，张作霖从日本得到的借款当有20多项，1亿元以上①。而且日本提供的借款均带有明显的经济侵略性质，因为对日本借款一般都以东北的不动产，如矿山、企业、铁路等作为担保抵押条件。

张作霖为首的奉系军阀不断出卖国家利益，依靠日本的支持与各派系军阀争雄，实现了称霸东北的目的。奉系军阀统治范围扩展到全东北的过程，就是日本政治、经济、军事力量在东北不断扩张的过程，也是张作霖集团不断出卖国家权益的过程。张作霖在主政东北的十多年间，在处理中日关系方面有过许多出卖民族利益、卑躬屈节的言行，为日本在东北扩大势力范围，阴谋制造"满蒙独立"提供了便利条件。

总之，奉系军阀对外投靠日本帝国主义，对内穷兵黩武、残酷剥削广大人民群众，是东北地区黑暗和贫穷落后的总根源。

---

①王鸿宾主编：《张作霖和奉系军阀》，河南人民出版社1987年版，第70—72页。

张作霖在统治东北时期，与日本帝国主义相互勾结、相互利用过程中，也存在着矛盾，而且日益突出。张作霖与日本勾结，希冀得到日本的支持，不得不与日本签订一些条约，出卖一部分民族利益。但由于中国人民在反对帝国主义的斗争中表现出来的巨大力量以及英、美等国的反对，同时也为了自己的名誉地位，在民众舆论面前保持点自尊，他又不能不拒绝日本贪得无厌的更多苛刻无理要求。他在从北京退回关外之前，不顾日本的逼迫、恫吓，拒签《满蒙新五路协约》就是这种矛盾的反映。张作霖的这种举动，在日本帝国主义看来，是"仆人已变得固执任性和很不恭顺"，于是下了"我生了你，我也可以弄死你"的决心①。日本关东军在国内参谋本部一些决策人的支持和默许之下，制定了在张作霖由北京返回沈阳时进行暗杀的计划。根据日本参谋本部和关东军司令官、中将村冈长太郎的意图，关东军高级参谋、大佐河本大作拟定了由日本独立守备队驻沈阳第 2 大队第 4 中队长、大尉东宫铁男具体执行的以爆炸方式实现暗杀的方案。爆炸实施地点选在位于沈阳皇姑屯东方 1000 米的（北）京奉（沈阳）铁路和南满铁路交会处。

1928 年 5 月中下旬，国民党北伐军北进顺利，在（北）京汉（汉口）线、（天）津浦（口）线连败奉军。奉军内部及沈阳各界团体吁请张作霖退守东北，促使张作霖最后下了决心退回奉天。6 月 3 日凌晨 1 时 15 分，张作霖率随员乘专列离京。6 月 3 日下午，黑龙江省

①［苏］B.阿瓦林著，北京对外贸易学院俄语教研室译：《帝国主义在满洲》，商务印书馆 1980 年版，第 270、271 页。

督军吴俊升由沈阳抵山海关专程迎接张作霖并同车返奉。（北）京奉（沈阳）路列车进入沈阳时必须通过日本把持的南满铁路皇姑屯三洞桥。6月4日清晨5点30分，张作霖乘坐的列车到达皇姑屯三洞桥交叉点时发生了大爆炸，轰然一声巨响，列车第七、八、九3节车厢被炸毁。张作霖乘坐的第八节车厢厢盖被炸飞，同车的吴俊升当即被炸死，张作霖受重伤。之后，奉军宪兵用汽车把张作霖拉回大帅府，经救治无效，张作霖于6月4日上午死亡。这就是皇姑屯事件。

日本制造的皇姑屯事件，是中日两国近代关系史上的一个重大事件，也是一个国际性的重大事件。张作霖被炸身亡，一方面暴露出日本帝国主义对其扶植的代理人能利用时就支持，不能利用时就杀掉的嘴脸；另一方面也标志着妄图利用日本帝国主义的支持以巩固自己统治的奉系军阀梦想的破灭。张作霖被炸身亡，使东北的政局顿时紧张。原来日本估计张作霖一死，沈阳必然出现大乱，日军便可乘机予以占领。故在列车被炸后，在沈阳商埠地一带陈兵，安设电网，不时向中国军队挑衅。但是这时秘密赶回沈阳的张作霖之子张学良和东北军政当局采取忍辱负重、稳住政局的方针，对张作霖死讯严守秘密，措置得当，使日本无隙可乘。张作霖死后，东北的文武官员，一致推举张学良继其父主持东北政务、军务。1928年7月4日，张学良就任东三省保安总司令。东北军政当局的举措稳住了政局，挫败了日本帝国主义乘机制造东北内乱，进而控制东北的阴谋。张学良主政东北之后，采取了许多措施，进一步巩固和稳定东北局势。1928年12月29日，张学良不顾日本的一再干扰和威吓，发表了东三省易帜通电，称："仰承大帅遗志，力谋统一，贯彻和平，已于即日起宣布遵守三民主义，服从南京国民政府，改易旗帜。"[1]这一天，东三省及热河省各机关、学校降下原来悬挂的五色旗，一律升起北伐以后中华民国的青天白日旗，史称此举为"东北易帜"。这是张学良为摆脱日本帝国主义的控制，实现国家统一而采取的重大行动。

自"东北易帜"后，东北的政治、经济形势发生了很大变化。在对日关系方面，张学良采取了有限度地抵制日本扩张势力的方针。如：对日本逼迫东北当局答应修筑吉（林）会（朝鲜会宁）、长（春）大（赉）铁路的问题，采取各种手段予以拖延，使日本的要求落空；限制日本人在军政界内部搞特务活动，清理辞退一批日本顾问，还发布一系列训令，禁止盗卖国土，禁止将土地房屋出卖给日本人；禁止中日合办各项事业，没收日本非法经营的矿区和提高对运输、买卖日货者的税收，大力提倡使用国货，鼓励和扶持民族工业的发展，并密令不发给日本人在东北内地的旅行护照。为了摆脱日本的经济控制，张学良在西方资本的援助下，于1930年7月开始修筑葫芦岛港，并计划铺设东北境内东西两大干线铁路，以与日本把持的大连港、南满铁路相抗衡。这些措施在一定程度上限制了日本的侵略扩张。

自1928年皇姑屯事件之后，东北当局和张学良在极端困难的条件下运用较为灵活的政治斗争策略，恰当地掌握了有利时机，挫败

---

[1]中国社会科学院近代史研究所编：《中华民国资料丛稿·大事记》（第14辑），中华书局1985年版，第339页。

了日本的干涉和破坏，实行易帜，达成南北统一。就这一点来说，是一种有利于抵抗日本帝国主义侵略东北的积极行动，也是东北当时所处特殊环境的产物。然而，我们也不能不看到东北易帜后带来的消极后果。易帜后的东北，成为南京国民政府的政治附庸，增加了蒋介石的政治资本，却阻碍了中国人民大众的革命进程；易帜后的东北政权，在政治主张上更加趋于右倾，并且不断地卷进国际、国内的政治旋涡之中，对东北地区的命运和前途带来了严重的不良后果。

1929 年发生的武装接收中东路事件就是不良后果之一。5 月 27 日，东北当局以苏联在中东路沿线搞赤化为由，派军警搜查苏驻哈尔滨领事馆，逮捕领事馆人员 39 名。7 月 7 日，张学良在北平与蒋介石会晤后返回沈阳，决定采取断然措施，于 7 月 11 日解除中东路苏方铁路局长等 59 名职员职务并驱逐出境。8 月 15 日，开始军事动员，组成两个军共 10 个旅约 10 万人的防俄军，准备在绥芬河、满洲里东西两线与苏联作战。10 月中旬到 11 月中旬，东西两线同时开战，西线满洲里一役东北军受重创，第 17 旅旅长韩光弟战死，第 15 旅旅长梁忠甲被俘，两旅官兵伤亡过半。军事受挫，东北当局不得不与苏结城下之盟，双方派代表谈判，于 12 月 22 日签订《中苏伯力会议议定书》，中东路恢复到事件之前合办状态。中东路问题，是中国清朝政府与帝俄遗留的历史旧案，1917 年十月革命后，几经折冲、谈判于 1924 年签订《中俄解决悬案大纲协定》，使中东路成为中苏合办的商业经营性质的铁路。但在中苏共管过程中，苏方操纵大部分实权，也没有完全按协定办事，的确存在不合理现象。但张学良采取诉诸武力解决的办法，实乃不明智之举。这方面，除张学良错误地估计了苏方的实力，以为动用武力吓一吓就可以解决问题外，主要是受到南京国民政府的诱惑后过分听命于蒋介石的结果。这是"中央政府打算把少帅诱入圈套，因为少帅妄自尊大又无充分外交经验""设法使他陷于对俄的困境，使之必须依赖南京政府，这样中央政府就能控制他了"[1]。张学良在处理中东路问题上的失策，暴露了他统率的东北当局，无论对国际政治还是国内政治，都缺乏应有的认识。在中东路事件中，日本出于反苏反共的立场，对东北当局搜查领事馆是支持和赞同的，但日本对武力接收中东路则抱冷淡和观望态度，因为日本害怕支持蒋介石的英美势力乘机进入东北，在某种程度上获得中东路利益。"不论在任何形势下都不许美帝国主义侵入满洲"，这是日本帝国主义给自己坚决提出的基本任务[2]。中苏武装冲突开始后，日本想乘机攫取中东路，关东军的指挥系统一度转移到长春，并在"长春修建了容纳4万人的临时营房"[3]，以便军事行动。后来，由于中苏武装冲突结束，日军无机可乘，但在经济上获得了利益。中东路事件后，运输一度中断，过去沿中东路经海参崴运往国外的货物改由南满路经大连出海，日本这一段获利

①顾维钧著：《顾维钧回忆录》（第1分册），中华书局1983年版，第406页。

②[苏]B.阿瓦林著，北京对外贸易学院俄语教研室译：《帝国主义在满洲》，商务印书馆1980年版，第281页。

③[苏]B.阿瓦林著，北京对外贸易学院俄语教研室译：《帝国主义在满洲》，商务印书馆1980年版，第285页。

600万日元[①]。

张学良在武装接收中东路事件中，损兵折将，落了个虎头蛇尾的收场。但他并未因此而识破南京国民政府对他的利用和控制。在中东路事件结束不久，他又卷入国内中原大战的旋涡之中。张学良帮助蒋介石打败以阎锡山、冯玉祥为首的反蒋势力，使蒋介石得以集中几十万军队"围剿"中国共产党领导的工农红军，给中国革命事业带来了惨重的损失。中原大战之后，作为一种"犒赏"，南京国民政府委任张学良为中华民国陆海空军副总司令，使其在北平组织副总司令行营，并长期坐镇北平，成为北方军事最高领袖。张学良把西北、华北的沉重包袱系于自己身上，而忽视了虎视眈眈的东邻日本进行着的一场阴谋活动。东北军在1930年中原大战时期调进关内的精锐部队约10万人，1931年6月讨伐石友三之役又调大约4万人进关，使总数在26万人至28万人之间的正规东北军，就有近半数留在华北、京津等地，东北的防务力量大大减弱，给日本帝国主义发动侵略战争造成了可乘之机。

---

①[苏]B.阿瓦林著，北京对外贸易学院俄语教研室译：《帝国主义在满洲》，商务印书馆1980年版，第284页。

第三章

关于九一八事变概况

日本帝国主义经过一系列精心准备后，于 1931 年 9 月 18 日发动了九一八事变，给中华民族特别是东北人民带来了巨大的灾难和惨重的损失。九一八事变，作为中华民族的国耻载入了史册，同时也作为日本军国主义疯狂侵略的罪证，更铭刻在全世界爱好和平、正义人们的心中。

一、九一八事变前日本关东军的部署

1929 年，爆发了世界性经济危机。这场经济危机也给日本以沉重打击。为了摆脱严重的经济危机造成的困境，日本帝国主义加强对国内工农劳苦大众的剥削。同时，在中国，对工农劳苦大众也进行压榨和剥削。在日本人经营的企业，不顾工人死活，不断造成伤亡事故。他们还在铁路沿线和城市近郊强占民田。日本军警不断制造枪杀、殴打中国群众的事件。为了反抗日本帝国主义的野蛮暴行，从 1929 年到 1931 年，仅在中国东北地区的抚顺、沈阳、辽阳一带就出现 20 多次抗议和工人罢工。中国东北广大民众反日斗争形势日益高涨，引起日本帝国主义的震动和不安，感到其满蒙的利益受到了威胁。东北张学良政权易帜后采取的抵制日本势力的措施和工农大众的反抗斗争，及日本国内经济危机引起的阶级矛盾，使日本帝国主义加快了发动侵略中国东北战争的步伐。

日本首先是大造侵略中国东北的舆论。1929 年 7 月 5 日，日本关东军司令部参谋、作战部主任石原莞尔提出了《满蒙问题解决方案》，其中关于解决满蒙问题的方针，第一条就是："一旦完成对美作战的准备，就要立刻（对中国）作战，坚决把满蒙政权握于我手中。""由于满蒙的合理开发，日本的繁荣自然恢复。"①1930年12月，日本拓务省大臣松田源治和"满铁"总裁仙石贡及外务省、陆军部的一批人开会，对于"东北易帜"后外交归属南京，中方欲实施以葫芦岛为中心的铁路网联运计划甚为恐慌，于是制定出日本吞并满蒙的秘密计划。这个计划提出采取"以华治华""恩中威""亲中恶"等手段，"一面假陆军当局之强硬为后援，一面由满蒙当局用怀柔的术策以诱之"，等待"天赐良机，以解决满蒙一切问题"。②1931年1月24日，"满铁"调查课长佐多弘治郎在关东军司令部发表题为《科学地观察满蒙对策》的演说，鼓吹要想把日本建设成为世界超级大国，只有满蒙置于日本权力的绝对统治之下才有可能。1931年3月，日本关东军高级参谋陆军步兵大佐板垣征四郎在陆军步兵学校作《从军事上所见到的满蒙》的演讲。他说：解决满蒙问题是实现日本帝国使命的远大的理想。"满蒙对帝国的国防和国民经济生活有很深的特殊关系""由于帝国掌握着满蒙战略关键的据点，在这里形成了帝国国防的第一线""满蒙的资源是很丰富，有着作为国防资源所必需的所有资源，是帝国自给自足所绝对必要的地区""在对俄作战上，满蒙是主要战场；在对美作战上，满蒙是补给的源泉。从而，实际上，满蒙在对美、俄、中的作战上都有最重大的关系"。他还极力鼓吹"如果单用外交手段，毕竟不

---

①［日］关宽治、岛田俊彦著，王振锁、王家骅译：《满洲事变》，上海译文出版社1983年版，第123页。

②国难资料编辑社编：《日本大陆政策真面目》，生活书店1937年版，第64、75、84页。

能达到解决满蒙问题的目的"。① 这些方案、计划和演说,表现了一大批日本军国主义分子煽动侵略战争的狂热性。

根据日本政府的侵略方针和关东军提出的方案,以及日本拓务省的计划,日本军部又进一步策划了占领中国东北的方案。1931 年4 月,日本参谋本部制定了《1931 年形势判断》,提出了解决满蒙问题的三个步骤:(1)"在满洲建立取代张学良政权的亲日政权"。(2)"使这一政权从中国主权下分离出来,成为一个独立国家"。(3)"占领满蒙"。从这个判断可以看出,日本陆军占领中国东北的目标已经确定。6 月 19 日,由日本陆军省和参谋本部拟定了《解决满蒙问题方案大纲》。其主要内容是:(1)倘若满洲的排日活动再发展下去,也许要采取军事行动。(2)让日本国民和世界各国了解满洲的排日活动,以便在采取军事行动之际,能得到国内外舆论的谅解。(3)采取军事行动时所需要的兵力,在与关东军协商后,由参谋本部作战部拟定上报。(4)为谋取国内外谅解而采取的措施,约以1 年为期,即到明年春(1932 年春)为止。这一《方案大纲》是日本帝国主义武装占领东北的纲领性文件。后来日本关东军在东北的行动基本是按这个纲领进行的,只是时间稍稍提前而已。

在日本陆军部紧张制定侵占中国东北方案的同时,日本关东军也积极制定相应的占领中国东北的计划。关东军的计划,与陆军省的基本精神是一致的,但在步骤、时间上更为急进。1931 年春,关

---

① [日] 小林龙夫、岛田俊彦编:《现代史资料》(7),日本みすず书房 1964 年发行,第 139 页。

东军制定了《满蒙问题处理方案》，认为当时已达到解决满蒙问题的第三阶段，即军事占领阶段。故主张"以谋制造关东军行使武力的机会""在非常情况下，关东军应有决心擅自打倒张学良政权，占领满蒙"。[①]在军部的支持下，关东军参谋部制定了《关东军占领满蒙计划》。

在关东军的计划中，还包括为行使武力而制造事端的密谋。关于制造事端的地点，在1930年冬，经板垣征四郎和石原莞尔密谋策划，拟定了在沈阳北大营连接地带柳条湖附近的南满铁路线上实行爆破的方案。1931年春，关东军又组织了一个爆破小组并拟定举事的具体时间。后来，关东军又精心组织了多次在中国东北各地的战地考察，为发动侵略中国东北战争做积极准备。

日本帝国主义既已决定武装侵占中国东北，在九一八事变爆发前，便开始制造种种公开挑衅事件，为发动武装进攻寻找借口，制造舆论。其中最主要的有"万宝山事件"和"中村事件"。

万宝山事件。万宝山位于长春市西北约33千米的长春县境内（今属吉林省德惠市万宝镇），其西、南两面10余千米处有伊通河绕流而过，适宜种植水稻。1931年4月，经日本侵略者策划，长春朝鲜民会头目出面以重金收买"长农稻田公司"经理郝永德[②]，郝永德以违法手段租得长春县三区境内万宝山地方住户萧翰林等人生熟荒地

---

①［日］小林龙夫、岛田俊彦编：《现代史资料》（11），日本みすず书房1964年发行，第286—288页。

②郝永德，汉奸。是制造万宝山事件的中方首恶分子。抗日战争胜利后，1947年春，以出卖国土招致严重外患和汉奸罪，经国民党政府长春地方法院判处其死刑。宣判前两天，郝永德病死狱中。

500 垧，租期 10 年。随后，郝永德将所租地转租给朝鲜人李升薰等耕种。上述两项租地契约均未经长春县当局批准。6 月间，李升薰等在日本人指使下，率 180 余名朝鲜人挖渠引伊通河水入地，渠道所经之处占用中国农户良田甚多，当地受害农民请求长春县政府予以制止。长春县政府派警察出面对朝鲜人进行劝阻，但日本驻长春领事也同时派日本警察以"保护朝民"为名，支持朝鲜人继续挖渠。中国农民愤恨不平，于 7 月 1 日出动 400 余人填平渠道。7 月 2 日，日警署派 30 余名武装警察阻止中国农民平渠，双方发生冲突。在冲突中，日本警察向中国农民开枪，并抓走 10 余人。翌日，日本领事馆派警力到现场附近"积极布置防御攻势，遍布地雷，挖掘战壕，杀气腾腾，如临大敌"。在日本警察的保护下，7 月 11 日水渠大坝得以筑成。当地中国农民遭受极大损害。此即万宝山事件。

万宝山事件发生后，日本在朝鲜报刊上大肆捏造朝鲜人被害的消息，蓄意挑拨中朝民众关系，制造反华浊浪。在朝鲜发生袭击华侨的暴行，造成华侨死亡 142 人，重伤 546 人，失踪 91 人，使华侨的生命财产受到巨大损失。在日本国内，军国主义分子借机大肆鼓吹"满蒙生命线受到威胁"，寻求用武力"根本解决满蒙问题的方法。"

中村事件。万宝山事件余波尚未平息，日本帝国主义又借日军中村大尉失踪事件煽动战争狂热。1931 年 6 月上旬，日本参谋本部情报课情报员、中村震太郎大尉偕骑兵曹长（上士）井杉延太郎等化装成中国人，从海拉尔出发，到大兴安岭、索伦一带进行军事侦察。此地属东北军屯垦区。6 月 25 日，中村等途经位于王爷府以北 20 千米、洮（南）索（伦）铁路线上的佘公府四方台时，被东北军兴安屯垦军第 3 团第 1 营驻军发现扣留审查。经审查，从自称农学家的中村身上搜出大量军用地图、自绘的洮（南）索（伦）铁路桥渠涵洞草图、兴安屯垦兵力分布图及雨量、气候、村落、居民、土质等资料。中国驻军团长关玉衡判断中村身份并非农学家，而是从事搜集情报的军事间谍，审讯中曹长井杉也供认中村是日军大尉。此前，东北当局曾照会日本驻东北各领事馆，不准外国人进入兴安垦区。审讯之后，遂将中村等人秘密处决。此即中村事件。

1931 年七八月间，日本国内获知中村等被杀的消息后，一面提出强硬要求，一面在国内制造舆论，朝野上下大肆叫嚣"此事解决应用武力"。日本军部主张"不管中国方面态度如何，都要立即以最大决心采取行动"[1]，叫嚷"中村事件是直接对日本皇军的进攻""满洲问题除行使武力外，别无解决之途"[2]。在交涉和处理万宝山事件和中村事件中，日本帝国主义侵略东北的阴谋已经充分暴露出来。

在制造舆论、煽动战争狂热的同时，日本关东军也加紧了军事部署。

早在 1928 年 10 月，在日本陆军大学任教官的中佐石原莞尔调任关东军参谋、作战部主任，任职后便着手制定攻占奉天的计划。1929 年 4 月，日本陆军大佐板垣征四郎由天津驻屯军调任关东军第 16 师团第 23 联队长，旋即调关东军任高级参谋。石原莞尔与板垣征四郎成为关东军中煽动战争最活跃、最狂热的人物。1929 年 5 月，

---

①王也平译：《"九一八"事变——奉天总领事林久治郎遗稿》（中译本），辽宁教育出版社 1987 年版，第 118 页。

②张效林译：《远东国际军事法庭判决书》，群众出版社 1986 年版，第 295 页。

板垣征四郎主持召开关东军情报会，决定组织关东军"参谋旅行"。从 1929 年 7 月至 1931 年 7 月，板垣征四郎和石原莞尔等在东北各地连续组织 4 次"参谋旅行"。这些"参谋旅行"，西北起自满洲里、海拉尔、齐齐哈尔、哈尔滨，中经郑家屯、洮南、长春、沈阳、新民，西南至山海关、锦州等地。参加"参谋旅行"的关东军军官一面进行军事侦察，考察地形，组织模拟军事对抗；一面进行占领满蒙方案和战术研究。这些有关调查和研究为发动事变、占领东北提供了情报资料。其中石原莞尔提出的《战争史大观》《满蒙问题解决方案》《关东军占领满蒙计划》等一整套侵略计划，代表了一批日本右翼法西斯军人的思想。这些理论和主张，实际上成为发动九一八事变理论准备的重要组成部分[①]。

1931 年 4 月，日本军部以换防为名，将驻辽阳的第 16 师团调回日本，另由中将多门二郎率领驻日本仙台的第 2 师团接防。第 2 师团是日军的精锐部队之一，士兵多生长在日本北部的寒冷地区，有较强耐寒能力，很适于在中国东北地区作战。1931 年 7 月，日本军部以参谋本部和陆军省为中心也积极策划武力侵占东北的方案，拟定了《解决满洲问题方案大纲》。同时，日本军部批准将两门 24 厘米榴弹炮由东京神户秘密船运至大连，再由大连运到沈阳。然后，隐蔽地安装在沈阳日本独立守备队兵营内，并瞄准了预定的攻击目标[②]。日军在东北发动事变的日子越来越近。

---

① [日]稻叶正夫著：《史录：满洲事变》，日本严南堂书店昭和七年发行，第 1—3 页。
② [日]稻叶正夫著：《史录：满洲事变》，日本严南堂书店昭和七年发行，第 52、53 页。

关东军司令官易人，也是日本帝国主义在军事上采取的重要措施之一。1931 年 8 月 1 日，日本国内任命陆军中将本庄繁为关东军司令官，接替前任司令官菱刈隆。本庄繁曾担任张作霖的军事顾问和日本驻华使馆武官，对于中国特别是东北的情形非常熟悉。本庄繁赴任前于 8 月 3 日上书陆相南次郎，他认为：在世界经济危机之中，苏联五年计划尚未完成及中国未达统一之前，确实占领满蒙，"成立满蒙独立国"，并与朝鲜及日本内地打成一片，日本才能充实世界一等国的地位，使日本的国基"巩固于现今世界"。他狂妄叫嚣首先占领满蒙，进而使"支那四百州在我掌握，全亚统一，欧洲征服，均能实现"。他强调在俄、中两国尚在复兴、力量微弱之际，"以强大之陆军临之，直如摧枯拉朽之势"，就可以取得占领满蒙战争的胜利。8 月 20 日，本庄繁到达旅顺关东军司令部后，即向参谋长三宅光治和高级参谋板垣征四郎部署了"满洲时局对策的根本方针"，并审查了石原莞尔等制定的"作战计划"。从 9 月 7 日开始，本庄繁对南满路和安奉路沿线的海城、鞍山、本溪、连山关、辽阳、大石桥、公主岭、沈阳、长春等地的日军进行巡视检阅，检查关东军"应变准备工作"。本庄繁在巡视部队期间组织多次军事演习，鸣枪放炮、攻城、巷战，甚至竟公然把东北军兵营作为攻击目标，其嚣张气焰达到极点。正当本庄繁在南满路沿线检阅部队之际，关东军要发动事变的消息在日本国内泄露。日本外相币原喜重郎向陆相提出质问，陆相南次郎派参谋本部少将建川美次到东北传达军部意见，以"防患于未然"①。关东军于 9 月 14 日收到建川美次从日本启程前发来的电报，召开紧急会议决定提前行动，将原定的行动日期 9 月 28 日改为 9 月 18 日，同时加速组织迷惑人们视线的军事演习。9 月 14 日至 17 日，日军在沈阳北大营一带连续组织演习，并在沈阳街头张贴布告，声称："大日本奉天驻屯军，近日以来举行秋操，满铁附近居民突闻枪声勿得惊慌。"②日本帝国主义以军事演习为掩护，秘密进行突然发动战争的准备，并以此麻痹东北人民。

此时，日本在东北的各种团体和机构都异乎寻常地活跃起来。日本在乡军人奉陆军省密令分别到沈阳、长春、哈尔滨集中应付突然事变。集中到沈阳的在乡军人于 9 月 17 日聚集在南站，臂缠黑纱，狂呼为保障满蒙之既得权利而洒军人之鲜血。"满铁"公司职员也组织装运货物表演，做好发动战争的准备。9 月 18 日上午，本庄繁在辽阳检阅了多门第 2 师团部队。他在训示时的讲话就是发动战争前的动员。他说："现在，满蒙的形势日益不安，不许有一日偷安。当万一事端发生时，希各部队务必采取积极行动，要有决不失败的决心和准备，不可有半点失误。"③本庄繁在辽阳巡视后于当晚 10 时回到旅顺关东军司令部。这时，关东军武装占领东北的一切准备

---

①[日]桥本欣五郎著：《桥本大佐手记》(1932 年)，载复旦大学历史系编译：《1931—1945 日本帝国主义对外侵略史料选编》，上海人民出版社 1983 年版，第 38、39 页。桥本欣五郎当时在日本参谋部任职。

②关玉衡：《中村事件始末》，载中国人民政治协商会议全国委员会文史资料研究委员会编：《文史资料选集》第 76 辑，中华书局 1981 年版，第 91 页。

③[日]稻叶正夫著：《史录：满洲事变》，日本严南堂书店昭和七年发行，第 74、75 页。

工作就绪，沈阳上空战云密布，事变犹如在弦之箭，一触即发。

二、九一八事变爆发

1931年9月18日（农历辛未年八月初七），时届中秋，天高气爽。白山黑水间，松辽平原上的农作物已经成熟，正待开镰收割。但是就在这天夜里爆发了日本帝国主义侵略东北的九一八事变。这次事变，不仅是日本蓄谋已久的侵略东北，进而侵略全中国的阴谋计划得以实现，给中国人民造成巨大灾难，而且也"成了后来持续15年的第二次世界大战的序幕"。[1]

九一八事变是由日本南满铁路独立守备队第2大队最先发难的。当时日军在沈阳附近的分布情况是：独立守备队第2大队部及第1、第4中队驻南满路沈阳站附近，第2中队驻抚顺，第3中队驻虎石台，全大队共823人[2]。独立守备队第5大队部驻铁岭，其下4个中队分驻铁岭、四平街、开原等地。独立守备队第6大队部驻鞍山，其下4个中队分驻鞍山、烟台、本溪等地。关东军第2师团司令部及第15旅团驻辽阳，第3旅团第29联队驻沈阳。

根据关东军精心策划的发动事变的方案，日军沈阳特务机关的今田大尉于9月18日上午，把准备好的42个黄色方形炸药包交给独立守备队第2大队第3中队的河本末守中尉，同时告诉第3中队

①［日］日本历史学研究会编，金锋等译：《太平洋战争史》（第一卷），商务印书馆1959年版，第114页。

②［日］冈林菅鹿著：《满洲事变第一战》，日本军用图书株式会社1932年版，第267页。

的野田耕夫和田村正中尉，准备今晚动手①。9 月 18 日夜，上弦月不甚明亮，昏暗的天空，黑黝黝的高粱地，给南满路线增添了神秘气氛。驻守在虎石台的日军独立守备队第 3 中队长川岛正大尉率 105 名队员，以夜间演习为名，全副武装出发，向南到达文官屯车站稍前一点的地方，在夜幕的掩护下，把部队分散在铁路线上等候行动。这时，河本末守中尉率军曹小杉喜一、松冈学，上等兵斋藤金市、今野清郎等 6 人②，携带炸药来到柳条湖附近的南满铁路线上预先选定的爆炸点。柳条湖是位于沈阳市街以北约 3 公里的一个小村庄，介于南满路文官屯站和沈阳站之间，北距文官屯车站 3 公里左右，南距沈阳站 7.5 公里。柳条湖有铁路养路工区和守备队分遣队，南满路从村东侧逶迤而过。爆炸点在南满路上行线以大连为起点 404.440 公里处，从柳条湖分遣队向北 1.440 公里③。河本一行 7 人④，把炸药包放到上行列车方向左侧铁轨连接处⑤，大约于晚 10 时 30 分⑥将炸药点燃，轰隆一声巨响，将枕木炸断 3 根⑦，铁轨炸

① [日]关宽治、岛田俊彦著:《满洲事变》，上海译文出版社 1983 年版，第 224 页。

② [日]冈林菅鹿著:《满洲事变第一战》，日本军用图书株式会社 1932 年版，第 1 页。

③ 中央档案馆等编:《日本帝国主义侵华档案资料选编——九一八事变》，中华书局 1988 年版，第 107 页。

④ [日]冈林菅鹿著:《满洲事变第一战》，日本军用图书株式会社 1932 年版，第 1 页。

⑤ 满铁铁道部:《满洲事变记录》，载中央档案馆等编:《日本帝国主义侵华档案资料选编——九一八事变》，中华书局 1988 年版，第 107 页。

⑥《日本军司令官布告》，《国闻周报》第 8 卷第 38 期，第 4 页。

⑦ [日]冈林菅鹿著:《满洲事变第一战》，日本军用图书株式会社 1932 年版，第 5 页。

断缺口为 1.5 米左右。按通行的说法是，爆炸过后长春开往沈阳的 14 次快车竟"奇迹般地摇摇晃晃通过了"。这时，河本末守中尉和小杉喜一军曹，一面命斋藤金市一等兵前去川岛中队那里报告并接引中队主力到出事地点；一面用随身携带的步话机向第 2 大队部及坐镇在沈阳特务机关指挥这一行动的关东军高级参谋板垣征四郎大佐报告。板垣征四郎收到报告后，当即以关东军代理司令官、先遣参谋的名义发布了攻击北大营和沈阳城的命令：（一）独立守备队第 2 大队攻击北大营；（二）第 2 师团第 29 联队攻击沈阳城；（三）驻铁岭守备队第 5 大队赶赴沈阳，从北大营北面进攻，并受第 2 大队长统一指挥；（四）第 2 师团主力前往沈阳增援。

板垣征四郎下达上述命令后，日本驻沈阳特务机关的花谷少佐以特务机关长土肥原的名义，于 18 日夜 11 时 18 分给旅顺关东军司令部三宅光治参谋长发出第一封电报，内称：18 日夜 10 时半左右，奉天北大营西侧的满铁路线被中国军队破坏，独立守备队与中国军队发生冲突，第 2 大队正向现场出动。三宅光治参谋长于 11 时 46 分接到这份电报。接着，关东军司令部于 19 日零时 28 分又收到沈阳特务机关发来的第二封电报，内称：北大营中国军队有三四个中队，在炸毁满铁路线后，逃回兵营。虎石台中队于 11 时过后与北大营五六百名敌军交战，已经占领北大营一角……野田中尉负重伤。在收到上述电报后，刚刚检阅部队完毕返回旅顺关东军司令部不久的本庄繁司令官与参谋长三宅光治以及石原莞尔参谋等数人一起研究对策。本庄繁在听取了幕僚意见后决定，按照平时拟定计划，迅速集中关东军于沈阳附近，先机制敌，控制东北三省的中枢，膺惩中国军队。

9 月 19 日凌晨 1 时 30 分至 2 时，本庄繁分别给关东军各部队下达命令，首先批准追认了板垣征四郎代发的命令，还称赞了板垣征四郎的主动、独断精神。给各部队下达的命令是：（一）命令第 2 师团主力集中于沈阳，驻旅顺的第 15 旅团步兵第 30 联队及旅顺炮兵大队迅速向沈阳出动，驻长春的第 3 旅团及其所属步兵第 4 联队、骑兵第 2 联队担任长春的警备任务，同时秘密攻击该地的中国军队；（二）命令独立守备队第 1、第 5 大队集中于沈阳，驻大石桥的第 3 大队占领营口，驻连山关的第 4 大队占领安东、凤城，驻鞍山的第 6 大队集中于沈阳接受第 2 师团指挥；（三）向日本驻朝司令官、中将林铣十郎电告中日冲突情况，请迅速派兵增援。关东军发布的这些命令，也就是日军在发动九一八事变最初几天的行动计划，日军对南满路（长春至大连）、安（东）奉（沈阳）路沿线中国城镇的占领也是照此行事的。这些命令充分表明，日本帝国主义发动侵略战争是有计划、有充分准备和详细部署的。

在柳条湖南满铁路爆炸之后，事先即埋伏在柳条湖以北文官屯的日本守备队第 2 大队第 3 中队长川岛正大尉，便率 105 名日军直扑北大营，11 时已到达北大营西北角，川岛命日军分两路开始向北大营发起攻击。

北大营是东北军最大的兵营，位于沈阳市街北约三四千米处。整个营区坐北朝南，东西南北各边长 2000 米，呈一正方形。北大营营房区防御体系坚固，四周均有 2 米高的土围墙，宽可行 2 人，围墙外有 1 米深、3 米宽的堑壕并有铁丝网。东西南北各边中间有卡子门，两个岗亭相对而立，设有岗哨，南门为北大营正门，卫兵室经常有一个排的兵力值班。营区内驻军为东北军的精锐之师步兵独立第7旅。中将旅长王以哲，下辖第619、620、621三个团，全旅约8000人。营区北面，面南一排营房，旅司令部位于营房居中处，旅直属迫击炮、通信、特务、骑兵等连在左，第620团在右。旅部后面是修械所、仓库、马厩等附属设备。营区东面东围墙外是第619团和步兵研究班，营区西面是第621团，营区中间是一个大操场。全旅除第620团第一营驻皇姑屯，第621团三个直属连驻东山嘴子东大营外，其余部队全驻北大营，九一八事变当夜北大营内驻约7000人。北大营西侧距南满路最近，整个西营垣距南满路上行线二三百米不等，距爆炸地点也最近。所以日军守备队第3中队冲下南满路同河本末守等人会合后，于11时便直扑营垣西北角。日军中队长川岛冲上土围墙后，见营内并无防备迹象，便集中火力向紧靠西围墙的第621团各营进攻。在同一时刻日本南站（即沈阳站）汽笛长鸣，设在日本兵营的两门重炮开始轰击。约11时50分，日军守备队第2大队长、岛本正一中佐率第1、第4中队从沈阳站乘火车到达柳条湖附近，配合第3中队从北、西、南面向北大营内攻击，炮火异常猛烈。日军守备队第2大队长岛本正一在爆炸后，首先用电话与第29联队长平田幸弘联系，告诉平田幸弘，独立守备队已攻击北大营，第29联队迅速攻击沈阳城。随后，岛本正一发出几条命令：（一）命令第2大队副板仓至大尉留守大队部，并做好向北大营开炮准备；（二）命令第3中队继续向北大营攻击；（三）命令驻抚顺的第2中队迅速向柳条湖前进；（四）命令第1、4中队迅速集合前往柳条湖地区增援[①]。岛本正一发布命令后，第2大队本部及第1、2中队于11时25分出营门，11时40分登上列车[②]。这时，又接板垣征四郎的命令，于是立即出发，大约于11时50分到达柳条湖下车，与第3中队联系后，便从北大营西南角发起猛烈进攻。第4中队集中主力攻击居于北大营北侧的第620团；第1中队从正门卫兵室突破，向旅部直属连队实行攻击。驻守在抚顺的守备队第2中队于18日夜11时左右收到大队部的命令后，乘临时列车从抚顺出发，经榆树台、浑河堡，于19日凌晨到达沈阳站，然后向柳条湖方向开去。3时30分到达北大营西南角，中队长川上大尉率136名士兵开始攻击[③]。独立守备队驻铁岭的第5大队分两批共500余人于19日4时41分、6时40分先后到达文官屯车站，先到的第一批280余人，从北大营北面向里进攻。9月19日7时30分，驻鞍山的日军守备队第6大队300余人也到达北大营[④]。此时日军已完全占领北大营。

日军独立守备队第2大队主力向北大营进攻时曾遇到一定的抵抗。9月18日夜，东北军独立第7旅旅长王以哲不在军中，由旅参谋长赵镇藩署理军务。3个团长只有第620团团长王铁汉在爆炸后匆匆赶回兵营，甚至有的营长也不在营内。当日军向北大营攻击时，

①［日］冈林菅鹿著：《满洲事变第一战》，日本军用图书株式会社1932年版，第37—39页。

②［日］冈林菅鹿著：《满洲事变第一战》，日本军用图书株式会社1932年版，第85页。

③［日］冈林菅鹿著：《满洲事变第一战》，日本军用图书株式会社1932年版，第225页。

④中央档案馆等编：《日本帝国主义侵华档案资料选编——九一八事变》，中华书局1988年版，第108页。

赵镇藩用电话向东北军司令长官公署参谋长荣臻请示应对办法。荣臻转达当局命令："全取不抵抗主义，缴械则任其缴械，入占营内即听其侵入。并告以虽口头命令亦须绝对服从。"[1] 据此指示，旅部命令不准士兵开枪还击，回到宿舍去。虽然如此，当日军首先从北大营西北角向第 621 团发起进攻时，士兵出于自卫便开始还击。日本守备队第 2 大队第 3 中队野田小队长于 18 日夜 11 时 30 分身负重伤[2]。但由于几次传来长官不许抵抗的命令，束缚了第 7 旅官兵，特别是首先遭到攻击的第 621 团各营，处于被动挨打的地位。广大士兵对上级不抵抗命令想不通，他们怒火中烧，装弹入膛，准备还击。对于不准开枪的命令，官兵们"非常愤慨，纷纷提出质问：'咱们就眼看着弟兄们活活被打死吗？''为什么让日本人这样欺负我们呢？'""全队官兵的惊讶……怀疑……愤怒，是可想而知的。"[3] 士兵的愤怒情绪感动了一部分长官，参谋长赵镇藩、第 620 团团长王铁汉命令部队从南北两面出击。19 日凌晨 2 时至 4 时，日本守备队第 2 大队第 2 中队从抚顺，第 5 大队从铁岭先后到北大营附近，会同正在这里攻击的第 2 大队主力，日军由西、南、北三面进占营地，并从西、南两面突入营内，冲破铁丝网进入营区。第 621 团士兵被围在营房内撤不出来，伤亡颇重，在忍无可忍的情况下，也开始还击。19 日 3 时许，参谋长赵镇藩命令第 7 旅开始突围。因第 619 团在围

---

① 虎口余生著：《日军侵据东北记》，民众书局 1931 年版，第 14 页。

②［日］榛原茂树、柏正彦著：《满洲事变外交史》，金港堂书籍株式会社 1932 年版，第 49 页。

③ 李树桂：《九一八事变我在北大营》，载吉林省政协文史资料委员会编：《"九一八"事变资料汇编》，吉林文史出版社 1991 年版，第 278、279 页。

墙外开始没有遭到日军攻击，旅部命这个团掩护部队突围。"机枪、步枪，吐出愤怒的火舌，向着逼近的日军猛烈还击，而日军方面的枪声，很明显地稀疏下来，他们的攻击遭到了压制"。[1]第7旅各部队陆续撤出北大营，按预定计划撤向东山嘴子东大营。9月19日晨5时许，日军完全占领了北大营。北大营一夜战斗，东北军第7旅战死官兵149人，受伤官兵186人，总计伤亡335人[2]。战斗中，日军也受到一定打击，日本守备队第2大队在攻占北大营过程中被打伤22人，被打死2人。被打死者是第4中队的新国六三上等兵和曾子正男二等兵。这两人是在第620团反击时被打死的[3]。

当日本守备队第2大队向北大营进攻的同时，日军驻沈阳的第2师团第29联队也向沈阳城内发起攻击。第29联队队长平田于9月18日夜10时40分接到独立守备队的电话通报后，即着手准备出动，11时40分又收到板垣征四郎大佐的命令，第29联队遂于9月19日零时40分至1时之间从驻地出发向沈阳城内攻击。所谓沈阳城内，系指南满路沈阳站及附属地以外的沈阳砖城内外，东北军政当局各大机关、各要员官邸，公安局、宪兵营，邮政、通信、交通、银行、商会、学校等单位错落各处，城南还有兵工厂、航空处等重

---

① 李树桂：《九一八事变我在北大营》，载吉林省政协文史资料委员会编：《"九一八"事变资料汇编》，吉林文史出版社1991年版，第76页。

② 荣臻报告：《九一八事变之经过情形》，载李云汉主编：《九一八事变史料》，台北中华书局1976年版，第249页。另据日本参谋本部编：《满洲事变作战经过概要》记载，北大营遗尸320具。

③ [日]冈林菅鹿著：《满洲事变第一战》，日本军用图书株式会社1932年版，第33、202、203、244、245页。

地。城内有一批中国驻军武装，东北边防军司令长官公署有卫队统带部所属卫队两个团在各重要机关担任警卫，其中有两个连在长官公署院内；宪兵1个营驻小河沿；黄显声的警务处所属警察3个大队不足2000人，分驻城内各公安分局；东塔航空处警卫部队约500人。这些武装力量虽然不是正规战斗部队，但九一八事变前，警务处长黄显声曾对辽宁省公安总队进行整顿，并且指示，如遇重大事变发生可以自卫。所以，当日军开始攻击沈阳城时，遇到一定抵抗。日军第29联队于19日1时左右开始兵分两路，第一路进攻砖城外的商埠地南市场和商埠地北市场。日军荷枪实弹，割断电线，闯进公安第1、2分局，强迫缴械。开始，中国警察还以为日军无故寻衅，以挑起冲突，乃上前制止，岂料日军开枪射击。出于自卫，在商埠地的公安分局警察进行了还击，双方互有死伤。据事后统计，第1、2分局死五六名；皇姑屯分局死10名；工业区第6分局死10余名[1]。第6分局被日军包围时，局内警察仅30余名，与众多日军相对抗，子弹打光，展开肉搏，坚持近3小时。日军攻入分局后，为泄愤，竟将中国警察"碎首折骨挖胸腹，血渍殷红，润遍沙土，暴尸于局门内外"[2]。19日4时左右，小西门警察向东北军参谋长荣臻告急，报告说日军攻城甚烈，如不开城门就用炮轰。荣臻与辽宁省主席臧式毅会商后答复说：日领事馆说，军队既已出动制止甚难，当不进城。如果进城，吾方即闭城门，日军亦可用炮击毁，不

---

①中央档案馆等编：《日本帝国主义侵华档案资料选编——九一八事变》，中华书局1988年版，第152页。

②《日本强占东三省记》，汉口奋斗报社1931年版，第36页。

若开城听其如何①，并且下令不抵抗。这样，第 29 联队第 2 大队乃于 19 日 4 时 30 分占领西面城墙，第 1 大队占领其以北地区。19 日上午，第 2 师团主力逐渐集中于沈阳。驻辽阳的多门第 2 师团长接到板垣征四郎的通报和关东军司令官的命令后，遂带步兵第 15 旅团千余人分乘两次列车于 19 日上 4 时 50 分、5 时 26 分先后到达沈阳站②。多门师团长下达了对沈阳城的总攻击令：第 29 联队向沈阳城继续进攻；第 15 旅团长天野少将指挥步兵第 16 联队，经奉天城南攻击兵工厂、航空处。19 日 6 时 30 分，日军第 29 联队一部已由大小西门相继入城，"除将第四警署包围外即直闯砖城，包围第一警署及宪兵司令部，然后割电线，包围电话局、有线电局和无线电台，于是电报电话完全不通，内外消息完全梗绝。接着包围副司令公署、省政府及一切重要机关与东三省官银号、中交两银行等各银行。各公安分驻所悉被捣毁，所有枪支、子弹悉被没收。所有驻在城垣以内之军队、警察，悉被缴械，手无寸铁。被包围者悉被监禁，未被包围者悉易衣远避"③。日军另一路第 15 旅团长指挥第 16 联队于 9 月 19 日 5 时 50 分从南满站出发，经沈阳城南前进，至 8 时左右即占领兵工厂、粮秣厂、被服厂、迫击炮厂，将各工厂完全封闭，严行把守，所有员司工役完全监禁。日军占领航空处后，"把技师、驾驶员、工匠、航空学员软禁，并将飞机上重要机关卸去，以防驾驶。

①《国闻周报》第 8 卷第 38 期，第 2 页。
②中央档案馆等编：《日本帝国主义侵华档案资料选编——九一八事变》，中华书局 1988 年版，第 108 页。
③虎口余生著：《日军侵据东北记》，民众书局 1931 年版，第 21 页。

此外，东北海军司令部亦被占领"①。至此，日军基本上控制了沈阳城。日军第2师团进占沈阳城之后，留下一部分兵力控制各占领要地，警卫沈阳城，然后协助独立守备队攻击东大营。

东大营位于沈阳东天柱山脚下的东山嘴子，距沈阳城约10公里，其规模稍小于北大营。1928年9月，从小东边门外的东北讲武堂迁到这里，因此，东大营实际上又是东北军的一所军官学校。九一八事变时，东大营有步、炮、工兵等各种研究班学员及教职员工共2500人，但武器装备很少，主要是步枪。东大营地理位置重要，紧靠沈海铁路，地扼沈阳东线进出口要道，退则可以撤向辽宁东部山区，守则可以牵制沈阳城内日军。东大营对日军是一个很大威胁，不占领东大营不能说完全控制了沈阳。为此，日军十分重视对东大营的攻击。9月19日7时半，日军多门师团长对攻击东大营进行了部署：独立守备队第2、第5、第6大队各一部从东大营北面攻击，第2师团的第16联队和第29联队各一部从南面向北攻击。在此之前，北大营第7旅撤退到东山嘴子，在东大营操场稍加整顿，6点多钟发现日军骑兵，遂又继续东撤，一部分驻东大营官兵亦随之撤走。实际上日军骑兵是独立守备队第2大队派出侦察东大营附近情况的，大队日军并未到来。19日清晨，东大营也派出侦察兵侦察城内情况，但派出的人并未弄清情况便回来报告说：大批日军向东大营攻来。因此，东大营各单位于上午8时即全部撤离。日军分两路集中当时在沈阳的主要兵力攻击东大营，于11时40分至12时30分先后进

①虎口余生著：《日军侵据东北记》，民众书局1931年版，第22页。

占营内，未遇任何抵抗便占领了东大营，营内所存物资枪械均为日军所获。东大营的被占领，标志着沈阳城完全沦陷。

九一八事变，一夜之间沈阳全城陷于敌手。1931年9月19日上午，沈阳街头到处张贴着关东军司令官的布告，此布告系木版印刷，可见其事先早有准备。除沈阳外，营口、长春各地亦张贴此布告。布告说："本省城近来失秩序之事甚多。兹我军占领城内，临时任维持治安之事。对各善良人民，一视同仁，绝对保障生命财产之安全……若有故意传播谣言，违反治安者之时，当处严罚。"布告诬称："9月18日午后10点30分时，中华民国边防军之一队在沈阳西北侧北大营附近爆破我南满铁路，驱其余威，敢然袭击日军守备队，是彼开始对敌行动，自甘为祸首……本职夙负保护铁路之责者，为拥护其既得之利权，确保帝国军之威信，兹方执断然处置，无敢有所踌躇。我军欲膺惩彼东北军权而已，关于所有民生休戚本职最所注意……然，倘有对我军行动欲加妨害者，本军……必出断乎处置。"①日军这个贼喊捉贼的、颠倒黑白的布告说欲膺惩者是"东北军权"，而对民生之事最所关注，其实大谬不然。9月19日清晨，日军在小西关城楼上架炮以示威慑，大街小巷遍布日军，满街高挂日本旗。日军步兵荷枪实弹，四处搜查，骑兵跃马扬刀，横冲直撞。所有军政机关、要员住宅均被占领，由日军设岗，贵重物品被洗劫一空。上午城内交通断绝，偶有行人，遇日军严行盘查，见有着军警服装或知识界人，日军尤其憎恨，其认为可疑者，不遭枪杀亦遭监禁。对

---

① 日本军司令官布告，《国闻周报》第8卷第38期，第4页。

东北大学、冯庸大学及同泽男女两校，日军前往搜查，开始对教职员工一律不准离校，"稍有抗辩者日兵即以刺刀相向"①"男学生被残杀、女生被奸污者不可指数。市面商家关门，少数粮店开业，因人多争粮少发生突，日军即开枪射杀数人"②。整个沈阳城完全处于血与火的恐怖之中，受害最大者乃是广大民众。

9月19日11时55分，关东军司令官本庄繁带部分随员及步兵第15旅团第3联队从旅顺到达奉天。下午6时26分，关东军参谋长三宅光治带参谋、幕僚随后也到沈阳。关东军司令部设在南满站附近的东洋拓殖株式会社大楼内，指挥日军对东北各地继续占领。

日军在进攻沈阳的同时，驻长春日军也奉命做攻占长春的准备。长春旧名宽城子，地当吉林省中部。长春火车站为日本经营之南满铁路北端的终点，北与中东路支线相接可达哈尔滨，也是吉长路终点，吉林、长春相连，长春实为吉林省会之门户，地理位置非常重要。因此，日军十分重视对长春的攻击和占领。九一八事变爆发时，日本关东军第2师团长谷部照的第3旅团及其所属步兵第4联队、机关枪队驻长春，骑兵第2联队驻长春以南的公主岭。9月19日零时15分，第3旅团长从满铁事务员的通报中得知日华两军在沈阳交战的情况，他立即独自决定以第4联队第2大队突袭对日军威胁最大的南岭兵营的中国炮兵，派另一部解决驻宽城子的中国武装。第3旅团和第4联队其余主力及驻公主岭骑兵第2联队，由铁路运往

---

① 虎口余生著：《日军侵据东北记》，民众书局1931年版，第43页。
② 虎口余生著：《日军侵据东北记》，民众书局1931年版，第39页。

奉天增援，并命令各部队做好出动准备。但是，在3时零5分的时候，接到关东军司令官的正式命令，即第3旅团长指挥步兵第4联队及骑兵第2联队负责长春地区的警备并做好袭击长春中国驻军的准备。第3旅团收到命令后，遂中止向沈阳增援的行动，主动向驻长春的中国军队实行攻击。日军攻击的主要目标是宽城子及南岭中国兵营。

日军第4联队长大岛陆太郎指挥第1大队约400人进攻宽城子二道沟中国兵营。宽城子中国兵营在长春以北5公里处，俗称二道沟，营房为俄式建筑，非常坚固，周围有50厘米厚的防护墙。当时营房内驻有中东路护路军第663团第3营傅冠军部，约650人。日军于19日4点10分出发，4点30分到达二道沟中国兵营，先将兵营包围，然后将门岗哨兵击毙。营长傅冠军突闻枪声，以为系日军通常的野外演习，未通知中方，遂开门外出观察，刚一出门就被日军开枪打死。此时营内士兵从睡梦中惊醒，"得知营长被打死，愤慨万状，群起抵抗，一时日军陷于不利"[1]。兵营内有东、西、中3座兵舍，坚固的墙壁有枪眼可向外射击，日军进攻受阻。日军一面攻击兵营，一面攻击营西面的东省特别区警察署及东铁第6段警察署，并命在警察署内的长春军警稽查处处长孙仁轩进兵营内劝第3营缴械，停止抵抗。孙仁轩系日人所办的旅顺师范学堂毕业生，日语讲得非常流利，素有亲日倾向。他进入营房内用电话向东北边防军驻吉林副司令长官公署参谋长熙洽请示，熙洽答复不必抵抗。但第3营士兵在营长已死、士兵死伤亦多的情况下群情激昂异常，坚不缴械，拼死抵抗。

---

①虎口余生著：《日军侵据东北记》，民众书局1931年版，第64页。

从清晨5时激战至8时30分，日军第1大队的第2中队突进中部兵舍，第3中队突入东兵舍，但西兵舍仍不能突破。第1中队长松田安世大尉指挥士兵从西兵舍北侧迂回寻找兵舍入口，但入口处很小，日军大部队不能进入，只好凭借兵舍北侧建筑物射击。步兵攻击困难，第4联队长命令部队往后退，用迫击炮向营内轰击。由于日军炮击，中国军官兵死伤惨重，日军也乘机冲入营内，第3营士兵于11时半开始突围，向乌拉街撤退。宽城子中国驻军仅以一营兵力在长官战死的情况下，拒绝上级不抵抗命令，拼战六七小时，虽力战不支终于突围，但严重挫伤了日军的淫威和锐气，表现了东北军广大官兵的爱国主义精神。宽城子战斗，中日双方均有很大伤亡，据日方记载：中国驻军战死50余名，被俘者421人，负伤人数很多；日军被打死24人，负伤33人①。中国方面记载：中国军队战死41人，受伤者67人②。另一记载：中国士兵死90余名，伤50余名，市民死于炮火者267名，中东路警察全部被缴械③。

　　日军对宽城子中国驻军施以攻击的同时，另一路日军对长春南岭兵营攻击的战斗也异常激烈地展开。南岭兵营位于长春以南6公里处，西距南满铁路约4公里。这个兵营建筑规模很大，营房内可以容纳万人。当时驻扎的中国军队有：东北边防军步兵第25旅第671团，团长任玉山以下2350人，装备优良；东北边防军炮兵第19

①［日］佐藤庸也著：《活机战》（第一部），日本军用图书株式会社1943年印刷，第28页。

②虎口余生著：《日军侵据东北记》，民众书局1931年版，第64页。

③陈觉著：《"九·一八后"国难痛史》（上册），辽宁教育出版社1991年版，第104页。

团，团长穆纯昌以下 1370 名，火炮 36 门；另有辎重兵一营，790 人，汽车 8 台。日军第 4 联队第 2 大队长黑石武城少佐率第 5、第 7 中队及机关枪小队于 9 月 19 日 3 时 10 分从长春营地出发，原来拟定，趁天亮前一片漆黑之际赶到南岭进行夜间突然袭击。但因天黑伸手不见五指，道路又十分难走，行约两小时方到达南岭兵营。这时已是凌晨 5 点，天已亮，军营吹了起床号，夜袭已不可能，于是黑石武城将部队隐蔽在兵营西北方一片高粱地里，各中队分别派出侦察兵接近军营围墙窥探营内动静。中国驻军刚刚起床，对日军包围毫无察觉，于是黑石武城下令进攻炮兵第 19 团第 1 营。第 5 中队、第 7 中队分别从北侧左门、西侧右门和西小门冲入，机关枪小队和第 7 中队的一个小队在西门和兵营西南角担任掩护。西侧右门的中国哨兵，似乎听到高粱地里有动静便走近查看，当即被日军击毙，第 7 中队用带来的梯子越过围墙向营房射击。中国炮兵第 1 营发现日军来袭便开始反击，翻墙而过的部分日军受阻。日军第 7 中队长井上大尉命令士兵用铁镐把门打破以后全队冲入西侧右门。与此同时，第 2 大队部和第 5 中队也从北门冲进，发现了中国大炮位置，只用 15 分钟便将 16 门大炮破坏了①。而后第 5、第 7 中队集中兵力与机关枪小分队配合协力攻击，于 19 日晨 6 时 40 分占领第 1 营。炮兵第 1 营被占领后，黑石大队分左右两翼攻击第 2 营和第 3 营。这时炮兵团长穆纯昌请示熙洽，"熙令抱不抵抗主义，然而日军节节进逼，

---

① 中央档案馆等编：《日本帝国主义侵华档案资料选编——九一八事变》，中华书局 1988 年版，第 193 页。

我军不得以发炮还击，乘机退却"①。由于武器库已被日军控制，许多人没拿到武器，徒手撤退，中国士兵死伤惨重。团内所有大炮尽被破坏，武器、弹药、粮秣尽沦于敌手。

占领炮兵团后，日军因兵力不足，暂将部队撤至袁家窝棚，待援军到达后，再进攻步兵团。步兵团在炮团北面，其机关枪营与炮团距离很近。当日军进攻炮团时，步兵团长任玉山用电话请示熙洽，表示要支援炮团开枪自卫，未得到熙洽允许。因而对日军攻击炮团未采取任何行动。事后，日人讥笑此种行为"如隔岸观火"②。这时，日军驻公主岭独立守备队第1大队正在从公主岭赶往长春的途中。在此之前，日军独立守备队司令官森连中将按关东军司令官要求，正准备率守备队第1、第5大队前往奉天增援，并于9月19日6时在公主岭上火车准备南下。但这时得知沈阳日军进攻顺利，而长春日军正在苦战中，守备队第1大队长小可原中佐向守备队司令官请求，率第1大队驰往长春增援。森连司令官遂采纳了小可原的意见，下令第1大队于6时20分自公主岭发车前往长春，他自己带一个小队于7时25分出发前往沈阳。守备队第1大队于7时20分到达孟家屯车站下车，急行军赶往南岭兵营，9时在袁家窝棚与第4联队第1大队会合。上午10时，向南岭中国步兵团发起攻击，以守备队为右翼从东南方向包围；第4联队第2大队从西面攻击。由于日军攻击甚烈，第671团中国士兵自动砸开库房，取出枪支弹药，登上

---

①虎口余生著：《日军侵据东北记》，民众书局1931年版，第65页。

②中央档案馆等编：《日本帝国主义侵华档案资料选编——九一八事变》，中华书局1988年版，第193页。

围墙抵抗日军进攻。进攻开始时，日军守备队先用炮轰击中国兵营，黑石大队在大练兵场林荫树附近逐步接近中国兵营。当日军第一线部队距离兵营 400 米处时，第 671 团中国士兵则利用营房两侧沟堤，枪炮齐下，日军因操场平坦无任何隐蔽物，伤亡惨重。但日军第 1 大队第 5、第 7 中队分左右两翼，在机关枪队掩护下继续猛攻。中国士兵也使用轻重机枪、步兵炮、迫击炮猛烈还击。另一路日军独立守备队的进攻也受到重大打击，守备队第 3 中队长仑本大尉于 11 时左右进攻到第 671 团第 1 营北侧附近时，突然遭到第 1 营及第 3 营的猛烈射击，日军第 3 中队几被全歼。这时，双方交战最为激烈，日军发炮轰击兵营，部分日军在营房前从枪眼里往外夺枪，守军用手榴弹阻止日军攻击，使日军机枪队大部被消灭，火力顿减。中国士兵五六百人乘机反击，但未成功。下午 1 时左右，第 671 团组织士兵撤退，日军打破西部兵舍砖墙，第 5、第 7 中队相继冲入营房，与掩护撤退的中国士兵展开肉搏战，双方均有大量伤亡。下午 3 时左右，第 671 团完全撤出营房向长春以东的稗子沟转移，日军占领南岭步兵营。日军第 3 旅团骑兵第 2 联队，接到旅团长增援长春的命令后，首先将公主岭中国公安队的武装解除，然后于 19 日上午乘火车从公主岭出发，11 时 20 分到达长春车站，下车后便赶往南岭，这时南岭战事已近尾声，只协助打扫战场，追击撤退的中国军队。

南岭战斗，日军遭到重创。中国驻军在长官下达不抵抗命令之后，仍然坚守营房数小时，打死打伤大批日军。整个南岭战斗，日军死将校 2 名，准士官以下 40 名，总计战死 42 名；负伤将校 3 名，准士官以下 53 名，总计负伤 56 名[①]，特别是独立守备队第 1 大队第 3 中队参加战斗的日军几被全歼，中队长仑本大尉亦被打死。日本军国主义者曾这样记载：仑本大尉之父在日俄战争中战死，而大尉殉国的热血又溅洒在北满的长春，其时正是中午，真是天意驱使忠魂成为护国之神[②]。这也是侵略者发动九一八事变之初的一种哀叹。南岭战斗，中国军人的损失，日本记载：战死约 500 人，俘虏 30 名[③]；中方记载：死亡官兵 218 名，受伤者 199 名[④]。

南岭战斗结束后，日军第 3 旅团长命第 4 联队及骑兵第 2 联队协同解除长春市内中国武装及控制各机关。在此之前，与宽城子、南岭兵营战斗的同时，已有一部分日本宪兵队和少数第 4 联队的日军于 9 月 19 日上年 6 时至 8 时，先将长春市公安局第一区分局派出所等包围缴械，同时把中国电话、电报局路线割断，以致长、辽、平、津电报电话完全不通。下午 5 时，日军在长春市内增加兵力，先后占领电报局、电台，并派兵占领吉长镇守署及其所属第 666 团团部，驻军均被缴械[⑤]。9 月 18 日之夜，吉长镇守使兼第 23 旅旅长李桂林与第 666 团团长马锡麟均在长春市内，当宽城子、南岭战斗之际，

---

①［日］佐藤庸也著：《活机战》（第一部），日本军用图书株式会社 1943 年印刷，第 34 页。

②［日］佐藤庸也著：《活机战》（第一部），日本军用图书株式会社 1943 年印刷，第 32 页。

③［日］佐藤庸也著：《活机战》（第一部），日本军用图书株式会社 1943 年印刷，第 36 页。

④虎口余生著：《日军侵据东北记》，民众书局 1931 年版，第 65、66 页。

⑤陈觉著：《“九·一八后”国难痛史》（上册），辽宁教育出版社 1991 年版，第 106 页。

这 2 人弃职逃跑，后来附逆投敌当了汉奸。19 日晚，长春基本上为日军控制。

从 1931 年 9 月 18 日夜到 19 日晚，日军在攻占沈阳、长春的同时，还占领了南满路、安奉路沿线的安东（今丹东）、凤城、本溪、复县（今瓦房店市）、盖平（今盖州市）、大石桥、营口、田庄台、海城、辽阳、抚顺、铁岭、开原、昌图、公主岭、四平等城镇。日军侵占沈阳之后，为控制北宁路线，陈兵巨流河车站，把守第 59 号、88 号铁桥，尚未西进。

鉴于沈阳附近战事告一段落，加之驻朝鲜日军暂缓越境前往沈阳增援这一情况，关东军司令官对日军的军事行动又重新进行部署。原定朝鲜派遣越境部队，由嘉村少将指挥的，包括 5 个步兵大队、1 个骑兵中队、2 个野炮大队、1 个工兵中队、2 个飞行中队的混成第 39 旅团，准备于 9 月 20 日拂晓前陆续到达沈阳。但 "19 日 11 时收到朝鲜司令官的通知，根据中央部的指示，除飞行队外，其他部队在新义州以南停止前进" [1]。这样，原拟定以第 39 旅团接替第 2 师团在沈阳的防务计划就要改变。即仍留第 2 师团第 15 旅团的步兵第 16 联队、第 29 联队，临时野战重炮大队第 2 中队在沈阳担任警备任务；第 2 师团的其余部队、野炮大队和守备队第 5、第 6 大队向长春集结，准备向吉林、哈尔滨方面进行军事行动。从 9 月 19 日晚开始，在沈日军陆续出发。第 2 师团司令部，野炮第 2 联队，临时野战重炮大队，

---

[1]［日］参谋本部编：《满洲事变作战经过概要》（第 1 卷）上册，严南堂书店 1972 年版，第 28 页。

独立守备队司令森连中将所属第 5、第 6 大队，先后于 20 日晚到达长春。21 日上午 6 时，日军占领吉长铁路局，10 时 50 分，多门师团长率部队登车向吉林省城出动，沿途各站中国军警武装尽被解除，并由日军看守各车站。

九一八事变时，正值东北边防军驻吉林副司令、吉林省主席张作相回锦县为其父奔丧，由参谋长熙洽代署军政大务。熙洽系清皇族，素持亲日立场，闻沈变之后，即坚决抱不抵抗主义。他首先命在省城的第 25 旅张作舟、卫队团冯占海两部撤退到外县；而后通过日本领事与日军进行交涉、谈判，向日军说明省城驻军已经撤走，欢迎多门师团长接收吉林。9 月 21 日下午 6 时 35 分，多门率先头部队抵吉林车站，熙洽亲往车站迎接。日军进城后占领各机关，改悬日本旗，武装警察一律缴械。由于熙洽的出卖，日军兵不血刃地占领吉林省城，控制了吉长铁路。日军进占吉林后，从 9 月 22 日到 25 日，又先后占领了吉敦路沿线的蛟河、敦化，四洮铁路沿线的辽源（郑家屯）、通辽、洮南等地。在九一八事变爆发后的旬日之内，日军迅速占领辽、吉两省近 40 座城镇，不同程度地控制了吉长、吉敦、四洮、沈海等 12 条铁路线，其投入的总兵力尚不足 2 万人。而当时在辽、吉、黑三省的东北军还有近 20 万人，在辽宁全省的东北军正规部队也有 3 万人。东北军几倍于敌不战自退，有土不守，实乃我中华民族抗御外侮史上的奇耻大辱。

继沈阳、长春、吉林等地沦陷之后，日军于 1931 年 11 月突破中国黑龙江省驻军嫩江桥防线，11 月 19 日，占领黑龙江省会齐齐哈尔。然后又集中优势兵力在辽西北宁路沿线发动进攻，1932 年 1

月 3 日，占领锦州，控制了北宁路关外段。1 月末，日军迅速调兵北上，2 月 5 日，占领北满最大城市哈尔滨。至此，从 1931 年 9 月 18 日到 1932 年 2 月 5 日，4 个月 18 天的时间，整个东北三省 130 余万平方公里的大好河山沦为日本的占领地。

三、九一八事变造成的恶果

日本帝国主义发动的九一八事变，给中华民族特别是东北人民带来了巨大的灾难和惨重的损失。仅以九一八事变之初辽沈地区的经济损失而言，民政机关、军政机关、官办铁路、官办航业、官办电台、官办银行、官办矿业、林场，东北大学及附属机关财产，国税收入等项"损失总价值达 178 亿元"。东北军沈阳兵工厂损失步枪 15 万支、手枪 6 万支，各种子弹 300 余万发；重炮、野炮、山炮 250 尊，炮弹 10 万发、弹药 5 万磅。以上军需品足供 15 个师的军队使用。沈阳迫击炮厂，损失迫击炮 600 余尊、炮弹 40 万发、火药 40 余万磅。东三省航空处积存的 300 余架飞机尽被日军占有。东三省官银号现金 7000 万元被日军尽行取走。此外，"帅府多年积蓄的古玩、珠宝、玉石亦皆不翼而飞。总之公私方面损失，虽缺乏确实统计，草率估量，当不下 200 亿元"[1]。另据资料统计，九一八事变后陷入敌手的 3 个月之间，中国军民死亡人数 23662 名，受伤及遇

---

[1] 关于九一八事变中国的损失问题，由于缺乏确实资料，历来说法不一，无准确数字。陈觉著《"九·一八后"国难痛史》一书，利用的资料没有综合数字，只列单项，且每一大类中各小项与总数多有不符，故难引用。本书引用数字载《国闻周报》第 9 卷第 37 期《九一八给我们的损失》一文。

难者约 10 万人[①]。九一八事变，作为中华民族的国耻载入了史册，同时也作为日本军国主义疯狂侵略的罪证，更铭刻在全世界爱好和平、正义人们的心中。

---

①周一行编著：《日本侵华实录》，台中惠华出版社 1983 年发行。

第四章

关于九一八事变与不抵抗主义政策问题

从 1931 年 9 月 18 日至 1932 年 2 月 5 日，4 个月又 18 天的时间，全东北沦亡。九一八事变，使日本帝国主义蓄谋已久的侵略中国东北、进而侵略全中国的阴谋计划得以实现，给东北人民造成巨大灾难。在九一八事变中，中国东北之所以沦陷，其实质原因是东北军实行了不抵抗主义政策，这个不抵抗主义的总根源是南京国民政府和蒋介石对外妥协、退让的总方针和总政策；而同时，张学良服从南京国民政府命令，执行蒋介石的不抵抗主义政策，也难辞其咎。

一、不抵抗主义政策的发端

九一八事变，从军事上来说，日军是在彼众我寡的情况下，以少胜多，先机制人，侵占东北各地的。据中国有关资料记载：当时日本在中国东北的兵力：关东军第 2 师团 14760 人；独立守备队 5400 人，宪兵队 2560 人；飞机 52 架，空军官兵 1110 人；路警 2500 人，各地日本领事馆警察 3000 余人。总兵力正式军队 24000 人，警察 6000 人[①]。另据日本方面记载：在中国东北的日本兵力是第 2 师团和独立守备队共 14000 人，加上从朝鲜越境而来的 1 个旅团也不过 15000 人[②]。而中国东北军在关外的部队，虽无法精确统计，如有的说 17.9505 万人[③]，有的说东北军在关外的包括非战斗人员共计 19 万

---

① 乐嗣炳等著：《日本侵略东北机构》，中华书局 1934 年发行，第 28 页。
② 日本历史学研究会编，金锋译：《太平洋战争史》（第 1 卷），商务印书馆 1959 年版，第 115 页。
③ 黎东方著：《蒋介石全传》，台北大同出版事业公司 1987 年版，第 283 页。

人①,有的说 13.7 万人②。总之,与当时在中国东北的日军相比,东北军几倍于敌。日军在 1931 年 9 月 18 日夜攻击北大营时,其主力只有独立守备队一个大队,总兵力 800 余人,而北大营中国驻军有7000 人之众,却在日军攻击下死伤惨重地败走。九一八事变的最初几天,东北军接连丧师失地,不战自退,有土不守,造成中华民族抵御外侮史上的奇耻大辱。当日军突然发动事变后,一部分官兵如沈阳北大营第 7 旅,长春宽城子、南岭兵营中国驻军也曾起而抗争,持枪自卫,并给日军以一定打击,但在长官的压制下,上命难违,只得饮泣而退。这个上命是什么,就是不抵抗主义的乱命。

日军自炸南满铁路后,向北大营进行攻击,"北大营驻军长官由电话向荣臻请示,荣令以全取不抵抗主义,缴械则任其缴械,侵占营内即听其侵入,并告以虽口头命令,亦须绝对服从"③。后来,有些人就是根据荣臻的这个答复,把不抵抗的罪名加于荣臻名下,说"荣臻在中国历史上将永久留下懦夫的恶名"④。还有人说东北当局苦心发明的不抵抗主义弥漫了全国,张学良是"不抵抗的将军",等等。这样的结论是不公正、不符合历史事实的。事实是蒋介石南京国民政府实行的不抵抗主义政策。

所谓不抵抗主义政策,是指在外敌入侵面前,不进行坚决自卫和抗争,而是采取一种消极退让和妥协的态度,其进一步发展就是

---

①张德良等著:《东北军史》,辽宁大学出版社 1987 年版,第 193 页。

②郑殿起:《九·一八事变时我军在东北的兵力》,载《辽宁文史资料》(第 31 辑),第 34 页。

③《辽沈被占纪实》,《国闻周报》第 8 卷第 38 期。

④黎东方著:《蒋介石全传》,台北大同出版事业公司 1987 年版,第 283 页。

民族投降主义，这在中国是一个历史的产物。1840 年鸦片战争以后，中国逐步沦为半封建半殖民地国家的境地，屡遭帝国主义列强的侵略和压迫。当权的统治阶级，不论是腐败的清政府，还是辛亥革命以后建立起来的北洋军阀政权，直到蒋介石的南京国民政府，都有一个共同的特点，那就是：为了取得帝国主义的支持、屈服于帝国主义的压力，在帝国主义面前基本上是采取妥协、退让的立场；而当强敌入侵时，大多单纯强调通过所谓"外交途径"解决问题，不实行武装抵抗。蒋介石曾说："战争不仅限于有形之军事……而外交上无形之战争，其成败胜负之价值，则超于任何一切战争之上。"①

蒋介石主政国民党南京政府时期，不论日本帝国主义如何兴师动众对中国进行武力威胁，都只是采取无形的战争即外交手段处理争端，不实行抵抗。

1928 年 4 月，蒋介石开始第二次"北伐"，很快抵达山东。日本人出兵占领济南，制造"五三"惨案，开枪射击中国人民，残杀中国外交官蔡公时等 17 人，想给蒋介石下马威，不想让蒋北伐。5 月 10 日，南京国民党两个重要人物到山东与蒋开会，研究对日态度，到底是打还是不打。蒋介石的日记中写道："决定不抵抗主义。"后来也就因此有了北伐军绕道济南，连夜秘密渡过黄河，继续北上的行动。这篇日记确凿地证明，蒋介石的不抵抗，早在九一八事变

①1931 年 11 月 30 日《蒋主席对日外交手令》，转录于梁敬錞著：《九·一八事变史述》，台北世界书局 1995 年版，第 112 页。

发生三年前的 1928 年就已经有了这种决定。蒋介石在日记中写道：此行的"主要任务是北伐，是打倒张作霖；和日本人打，北伐就无法进行了"。[1]有人评价："民国十七年的济南事件，蒋介石走的也是不抵抗主义路线，对日军挑衅不抵抗，转而诉诸国联。"[2]有人说："不抵抗主义不创自张学良而创自蒋主席济南之役，蒋以不抵抗制福田于无形，一面吁请国联，且不得国联之承认。"[3]

由此可以看出，1928 年的"济南事件"，是蒋介石南京国民政府对日实行不抵抗主义政策的开端，也是九一八事变中东北军不抵抗行为的历史源头。

二、九一八事变前后不抵抗主义的发展及表现

20 世纪 20 年代末至 30 年代初，是中日关系史上的多事之秋。日本帝国主义总是企图利用各种机会，制造借口，滋生事端，以挑起武装侵略中国东北的战争。而南京政府总以为挑起事端者是日本陆军的跋扈行为，日本中央政府可以约束陆军的行动，因此严令各地避免和日军冲突，"希望在不抵抗的姿势上可以闪过日本寻衅的锋芒"[4]。

1931 年 7 月万宝山事件发生后，东北乃至全国各地反日形势达到高潮，南京国民政府和国民党中央宁愿把事情由大化小。于是电令全国各级党部，"在反日运动中切切不能有加害日本人的行动，

①《北京青年报》，2006 年 11 月 17 日。
②王芸生：《这两年》，载《国闻周报》第 10 卷第 37 期。
③梁敬錞著：《九·一八事变史述》，台北世界书局 1995 年版，第 157 页。
④司马桑敦著：《张学良评传》，长青出版社 1986 年版，第 157 页。

并训令上海当局，要尽力以提倡国货运动代替排斥日货运动，用以缓和全国的反日风潮"①。南京国民政府如此态度，东北当局敢不唯命是从。自1928年12月东北易帜后，张学良在一切外交方面的交涉、办理，无不听命于中央，强调军人以服从为天职。于是，张学良于1931年7月6日电告东北政务委员会："此时如日本开战，我方必败，败则日方将对我要求割地赔款，东北将万劫不复，亟宜力避冲突，以公理为周旋。"②当时，报纸上公开报道这一消息时，是这样说的："张学良副司令，对于万宝山事件及朝鲜华鲜人民冲突事件颇为注重，日昨特致电此间最高当局，略谓凡我东北官民，对于华鲜冲突事件咸宜一体自重，切勿轻举妄动其各注意云云。"③但东北当局及张学良对南京国民政府的主张也有不知所从的情况。万宝山事件发生后，外交部部长王正廷给张学良来电：要东北坚定抗日态度，并向日本严格提出撤退驻军，限制日人活动，限制满铁筑路以及禁止中日合办事业等要求。但7月11日，王正廷在南京接见国际记者时，却一味对日表示温和，甚至把外交责任都推到东北当局身上。这使张学良在中国舆论面前，"进退失据，左右为难"④。也就是在这个时候，蒋介石于7月11日给张学良发来训电："日本诚狡猾阴险，但现在非我国抗日之时，除另电外交部王部长外，希兄督饬所部，切勿使民众发生轨外行动。"⑤7月15日《盛京时报》第2版又披露一条消

①司马桑敦著：《张学良评传》，长青出版社1986年版，第155页。
②梁敬錞著：《九·一八事变史述》，台北世界书局1995年版，第117页。
③《盛京时报》，1931年7月11日第4版。
④司马桑敦著：《张学良评传》，长青出版社1986年版，第158页。
⑤司马桑敦著：《张学良评传》，长青出版社1986年版，第157页。

息：蒋石于 13 日在江西抚州"剿共"前线向南京国民政府及张学良发出通电："发生全国排日运动时恐被共产党利用，逞共匪之跋扈，同时对于中日纷争更有导入一层纷乱之虞，故官民须协力抑制排日运动，宜隐忍自重，以待时机。"张复电："努力隐忍自重，勿使日本乘其间隙。"

1931 年 7 月间，中村大尉事件发生后，日本借此事件横生枝节，咄咄逼人，中日战争有一触即发之势。张学良深感东北形势严峻，乃两次致电蒋介石，略谓："东北之安全，非藉武力无以确保，日本既一意对外，我方亦应有所自省""日本开始其大陆政策，有急进满蒙之意……事既关系满蒙存亡，吾人应早为之计。"这时蒋介石正准备用兵西南，而张学良电文中偏又有"共匪歼灭期近，广东力薄，似无用兵之意，吾公似宜执此外患煎迫之机，务期在政治范围解决西南问题"之句。"蒋介石对张学良的电报极感不快，认为大军已发的时候，张电无异动摇军心。"[1]

为使南京国民政府集中力量解决国内问题，蒋介石不顾日本在东北的各种图谋不轨的迹象，也不顾东北当局再三恳请南京国民政府注意东北的严重形势，而一再指示东北当局妥协、退让。8 月 16 日，蒋介石致张学良"铣电"说："无论日本军队此后如何在东北寻衅，我方应予不抵抗，力避冲突，吾兄万勿逞一时之愤，置国家民族于不顾。"[2]目前，学术界一些学者尤其是台海学者否认"铣电"的存在，

---

[1] 司马桑敦著：《张学良评传》，长青出版社 1986 年版，第 158、159 页。
[2] 王芸生编著：《六十年来中国与日本》（第 8 卷），生活·读书·新知三联书店1982 年版，第 236 页。

而笔者依据相关资料并进行梳理、研究，认可"铣电"的切实存在。如果我们换个角度，按照历史发展逻辑来看，其实，"铣电"的内容正是之前南京国民政府和蒋介石力避与日军冲突、秉持对外妥协退让不抵抗主义政策内在逻辑的发展和具体表现。"铣电"不是就事论事，而是在此后一个很长时期的大方针。蒋介石"铣电"提出的"此后"这个时间概念，当然指8月以后，而且强调无论日军如何在东北寻衅，语气很绝对。据蒋"铣电"精神，张学良于9月6日给辽宁政委会代主席臧式毅、边署参谋长荣臻发出"鱼电"："查现在日方外交渐趋吃紧，应付一切，亟宜力求稳慎。对于日无论其如何寻事，我方务须万方容忍，不可与之反抗，致酿事端。即希迅速密令各属，切实注意为要。"[1] 9月12日，蒋介石曾由汉口乘专车来石家庄，张学良自北平乘专车前去，二人在专车上晤谈。当时何柱国驻防石家庄，担任其二人会晤之外围警戒。会晤后，张氏告何：日军可能要在东北动手，蒋氏要求张严令东北全军，凡遇到日军进攻，一律不准抵抗。如果我们回击了，事情就不好办了。明明是日军先开衅的，他们可以硬说是我们先打他的。他们嘴大，我们嘴小，到那时就分辨不清了[2]。

有上述这样一个过程，才有1931年9月18日荣臻对北大营不抵抗的指示。当日军进攻北大营开始后，大约23时，荣臻用电话向北平的张学良请示应付办法，张回答："仍按9月6日的训令不与反

---

[1] 司马桑敦著：《张学良评传》，长青出版社1986年版，第158页。
[2] 何柱国：《"九一八"沈阳事变前后》，载全国政协文史资料研究委员会编：《文史资料选辑》（第76辑），中华书局1981年出版，第66页。

抗免滋事端。"①所谓"9月6日训令"的根据当然是8月16日蒋介石"铣电"的不抵抗精神。后因电话线被割断，在电台被占领，电话、电报均无法与北平再联系的情况下，荣臻等用帅府的小型无线电机，利用电灯之电力向北平发一电报，电报到达北平时已是19日黎明，这就是史书经常提到和引用的"皓电"。张接电后，遂召集在北平的东北军政要员开会。会上，张学良说："日人图谋东北由来已久，这次挑衅的举动，来势很大，可能要兴起大战争。我们军人的天职，守土有责，本应和他们一拼。"但他又强调："现在我们既听命于中央，所有军事、外交均系全国整个问题，我们只应速报中央，听候指示。"②有鉴于听候中央的指示这一原则，张学良将"皓电"加衔后即呈报南京国民政府。"皓电"中也说："我军抱不抵抗主义，毫无反响。"嗣后，张学良于19日上午、20日晚分别接见天津大公报记者和各报记者时也说："我早已令我部士兵，对日兵挑衅不得抵抗""当日军进攻消息传来时，余立时下令收缴军械子弹，不得作报复行动。"张又强调，"对此事全国一致，当归中央应付"③。

张学良在1931年9月24日为报告日军入侵东省经过呈中央蒋主席电时说："日军向我兵营攻击时，先是我方以日军迭在北大营等处演习示威，行动异常，偶一不慎，深恐酿起事端，曾经通令各军，遇有日军寻衅，务须慎重，避免冲突。当时日军突如其来，殊出意外，我军乃向官方请示办法，官方即根据前项命令不许冲突，又以日军

---

①司马桑敦著：《张学良评传》，长青出版社1986年版，第167页。
②洪钫著：《九一八事变当时的张学良》，载《文史资料》（第6卷），第24页。
③《国闻周报》第8卷第38期。

此举，不过寻常寻衅性质，为免除事件扩大起见，绝对抱不抵抗主义。"①张学良在报告中说的"向官方请示办法"，即指发往南京的"皓电"，所谓"官方即根据命令"，就是蒋介石在"铣电"中"无论日本军队此后如何在东北寻衅，我方应予不抵抗，力避冲突"的指示。

张学良的"皓电"告达南京时已是9月19日上午，这时南京国民政府各机关已从各方面得知日军进占沈阳的消息。"晚6时张副司令通电到外交部，王外长乃与中央常委于右任、丁淮芬、戴季陶等商定，开一临时紧急常会"。②所谓官方答复"绝对抱不抵抗主义"，也应当在接"皓电"之后发出的。蒋介石于9月17日赴江西主持"剿共"，"皓电"到时不在南京，但不抵抗主义为南京国民政府既定方针，蒋在南京与否，都不会改变这个方针。中常会上决定电召蒋回南京，蒋于20日由湖口返回，21日，到南京后便召见外交部部长面询一切。22日，蒋在南京党员大会上发表讲话，讲话中虽也有"一致奋起，以救危亡"，"中正许身革命，生死早置之度外，值此危急存亡之际，自当国存与存、国亡与亡，必立在国民之最前线，为国民之先锋，共赴国难"等慷慨激昂之词，但其讲话中的主旨是要求"服从统一指挥"，"不可人自为战，以陷分裂""先以公理对强权，以和平对野蛮，忍痛含愤，暂取逆来顺受态度，以待国际公理之判断"③。在蒋介石发表讲话的同一天发出的《国民党中央告全国同胞书》和《国民政府告国民书》，也只强调"动作一致，步骤一致，听统一之指挥，守严整之纪律"，"希

---

① 梁敬镦著：《九·一八事变史述》，台北世界书局1995年版，第264页。
② 《辽吉被占纪实》，《国闻周报》第8卷第38期，第10页。
③ 《辽吉被占纪实》，《国闻周报》第8卷第38期，第13页。

望全国军队，对日军避免冲突"。这种所谓的"服从统一指挥""不可人自为战""守严整之纪律"，就是不给东北军留有任何余地，只能按既定的"不冲突""不抵抗"方针，坐以等待国联公理的判断。如果说此时蒋介石对不抵抗问题尚有一个认识、判断过程的话，那么蒋介石在九一八事变后的第4个月，辞职下野在奉化讲演时又说："中国国防力薄弱之故，暴日乃得于二十四小时内侵占之范围及于辽、吉两省，若再予绝交宣战之口实，则以我国海陆空军备之不能咄嗟充实，必至沿海各地及长江流域，在三日内悉为敌人所蹂躏，全国政治、军事、交通、金融之脉络悉断，虽欲不屈服而不可得。总理孙先生谓：'中国若与日本绝交，日本在十天以内便可以灭亡中国'，此乃事实如此，并非我总理故为危辞耸听也。"[1] 蒋介石在这里抬出孙中山，以证明其不抵抗主义是正确的，实际上也正是道出了他推行不抵抗主义路线的原因之一，就是恐日心理。由于国力薄弱，抵抗就会招致失败，这种抗日亡国论，其实质是民族失败主义。

从上述论述中可以看出，不抵抗主义政策，不起于九一八事变，而九一八事变中的不抵抗主义是自1928年以来蒋介石对日不抵抗主义政策的继续和发展。

三、张学良与不抵抗主义政策

在分析和研究九一八事变中不抵抗主义责任问题时，有人认为不抵抗主义是张学良的创造，和蒋介石没有关系；东北沦陷的责任

---

[1]司马桑敦著：《张学良评传》，长青出版社1986年版，第169页。

应由张学良来负。对此种观点不敢苟同。应该说，在九一八事变中，张学良是不抵抗主义政策的执行者；在东北沦陷问题上，蒋介石应负总责，而同时张学良也难辞其咎。

20世纪30年代有人评论说："九一八的不抵抗是个政策问题，他的政策是历史产物，而且是与中央相一致的。自北大营的攻袭，以至辽吉的失陷，未五日失地两省，或撤退，或投降，彻底实行了不抵抗主义。这时的不抵抗主义真是白日中天，不啻成为中国的国策。"① 这种评论是很切中要害的。既然不抵抗是个"政策"问题，是"中国的国策"，那么不论什么人主政东北，"即使是旁人当东北边防司令长官，十分之九也是不抵抗的"②。

就张学良个人而言，在九一八事变时，他作为南京国民政府陆海空军副司令、东北地方军政长官的封疆大吏，握有相当实力的兵权，但又确实执行了蒋介石南京国民政府的不抵抗命令。这是有其深刻原因的。

一是张学良在外交、军事行动上要与中央保持一致，对中央的政策要绝对服从。既然南京国民政府和蒋介石在九一八事变前后都是执行不抵抗主义政策，当然张学良也只有执行不抵抗主义政策。

二是张学良对日本发动九一八事变的性质和目的有一个认识过程。九一八事变前，东北形势紧张，"张学良自己也知道沈阳将要发生事情，但他总存着万一心理，日本或许不敢吧"③。在九一八事

①王芸生：《这两年》，《国闻周报》第10卷第37期，第3页。
②王芸生：《这两年》，《国闻周报》第10卷第37期，第2页。
③王芸生：《这两年》，《国闻周报》第10卷第37期，第2页。

变发生后的第 59 年即 1990 年，张学良接受日本 NHK 记者采访时说："关东军搞九一八事变，那时候我没有想到""当时还有俄国条约，日本有自己国家控制的种种问题""我考虑日本不可能这样做，军人要这样做，政府也会要控制它。"又说："我没有判断出日本会整个儿来。我判断他要挑衅，就是先找件事对中国挑衅，然后军人好有借口说话。当时中国有好多事情，譬如南京事件、济南事件，也都大事化小、小事化了。假如我知道这件事不能了了，那就不同了。"他还说："你骂我九一八事变不抵抗，我是一点不认这个账的，我没有错。可是你要骂我是封疆大吏，没把日本的情形看明白，那我承认。"① 从这里可以看出，张学良对于日本帝国主义对外疯狂扩张侵略的本性，对于日本军队与日本政府在侵略中国问题上的冒险性以及发动九一八事变的根本目的还缺乏应有的认识，因此对九一八事变判断失误。

三是张学良持有全国抗战论，其思想实质是东北单独打不过日本。九一八事变发生时，张学良就讲过："日军不仅一个联队，它全国的兵力可以源源而来，绝非我一人及东北一隅之所能应付。"又说："我们是主张抗战的，但必须全国抗战；如能全国抗战，东北军在最前线作战，是义不容辞的。"② 张学良"觉得打，一定打不过日本，还是不抵抗，不授日本以口实，国际自有办法"③。

---

①管宁、张友坤译注：《缄默 50 余年张学良开口说话（日本 NHK 记者专访录）》，辽宁人民出版社 1992 年版，第 77、79 页。

②洪钫：《九一八事变当时的张学良》，《文史资料》（第 6 卷），第 24 页。

③《国闻周报》第 10 卷第 37 期，第 2 页。

　　总体说来，张学良对蒋介石的不抵抗主义政策是绝对执行的，但在迫不得已的情况下他也有一些具体的抵抗和自卫行动。日军占领沈阳等地以后，形势的发展越来越严重，日军不断扩大侵略范围，接连攻城略地，南京国民政府诉诸国联的唯一措施，于事无济，张学良的认识也逐渐发生了变化，并有一定的行动。如，继1931年9月间辽宁省政府迁往锦州之后，张学良又于10月间命令在宾县设立吉林省政府，任命马占山担任黑龙江省代主席，以示东北三省政权继续存在，以与日本帝国主义相抗争。当日军进犯江桥，拟向黑龙江省会齐齐哈尔进攻时，张学良在给蒋介石的电报中明确指出：日军"进逼不容我方避免，现正坚持原阵地，力谋自卫中"，并有"设法抵御"等语[①]，表明他守土自卫的立场。1931年12月末，日军对锦州发动大规模的攻势，张学良也命令驻锦州及其附近的中国守军进行了一定的抵抗。但东北军"应战往日，给养弹药，均受飞机妨碍，不能供给，以是未克持久抵抗。官兵气势，均发指眦裂，死力搏战，卒以器不敌，未获胜利"[②]。就这样，锦州才又沦敌手。

　　虽然张学良在局部地区和一些问题上有具体的抵抗和自卫行动，但他从根本上却摆脱不了不抵抗主义政策的影响和束缚。20世纪30年代有人评论1931年12月的锦州之战时说："东北军在锦州未撤退前，召开过军事会议。会上有人说：'古人说，宁为玉碎，勿为

　　①《张学良致蒋主席电》，载中国国民党中央委员会党史委员会编：《中华民国重要史料初编——对日抗战时期绪编》（第1册），台北裕台公司中华印刷厂1981年版，第299页。

　　②中国国民党中央委员会党史委员会编：《中华民国重要史料初编——对日抗战时期绪编》（第1册），台北裕台公司中华印刷厂1981年版，第314页。

瓦全'。我们现在不是玉碎，而是瓦碎。瓦虽然碎了，人家还说我们不好，所以还是保全实力要紧。"① 这就说明东北军在锦州之战中确实有保存实力的思想。当时不仅中央未派一兵一卒支援锦州之战，就是东北军也只有驻在锦州一带的少量部队，并未倾全力保卫锦州。这不仅说明东北军的行动受到国民党中央不抵抗政策的深刻影响，也反映了一部分东北军高级将领担心蒋介石趁机削弱东北军实力的思想。在锦州失守后，南京国民政府行政院长汪精卫到北平与张学良见面，说服张学良"应该和日本打"，并且说"政府受到外界很大的压力"，如果张不听汪的意见，汪的"行政院长面子就完了"。当时张对汪说："政府有什么与日本打仗的准备，有没有胜利的把握？如果政府有打的决心，蒋委员长一定会向我下令，这样的话就不同了，我服从命令。"汪回答说："打起来的话，我们肯定会败。"张学良说："你这是让我拿我的部下生命与你的政治生命进行交换，这样的事，我绝对不能做。"②

事实证明，在九一八事变中东北沦陷，张学良服从南京国民政府命令，执行了蒋介石的不抵抗主义政策，尽管有种种主客观原因，但也是难辞其咎的。正如东北军高级将领何柱国后来在回忆九一八事变历史情况时所说："东北军的不抵抗，蒋介石固然要负主使之责，而东北军自己也并不是没有责任的。"③

---

①《国闻周报》第 10 卷第 37 期，第 3 页。

②管宁、张友坤译注：《缄默 50 余年张学良开口说话（日本 NHK 记者专访录）》，辽宁人民出版社 1992 年版，第 92 页。

③何柱国：《榆关失陷前后》载全国政协文史资料研究委员会编：《文史资料选辑》（第 37 辑），中华书局 1963 年出版，第 53 页。

在九一八事变中不抵抗主义政策的推行和执行，造成了极大危害，它一方面助长了日本帝国主义的侵略野心，同时也极大地伤害了中国人民的民族感情。因此，后来，中国人民大众和广大爱国官兵对不抵抗主义政策进行了各种形式的抵制和抗争，直至全国抗战爆发。

第五章

关于九一八事变前后中国青年学生的爱国主义行动

爱国，是人世间最深层、最持久的情感，是一个人的立德之源、立功之本。爱国主义是中华民族的精神基因，维系着中华民族的团结统一；爱国主义激励着一代又一代中华儿女为祖国发展繁荣而不懈奋斗、顽强奋斗。爱国主义是一面永不褪色的旗帜，是一支凝聚人心的火炬。对于任何一个历史时期来说，爱国主义从来都是一个经久不衰的永恒主题。青年是祖国的未来、民族的希望，青年一代的理想信念、精神状态、综合素质，是一个国家发展活力的重要体现，也是一个国家核心竞争力的重要因素。九一八事变后，在伟大的抗日战争中，中国人民的爱国主义精神和行动达到了空前的高涨，而广大青年学生的爱国主义行动又起到了先锋、带头作用，为中国抗日战争的胜利和世界反法西斯战争的胜利作出了重要贡献。

一、九一八事变后中国青年学生的爱国主义行动是对中华民族优秀传统的继承和发展

中华民族在自己发展的历史长河中，形成了浓厚、巩固的爱国主义情感和鲜明的爱国主义优良传统。在为捍卫民族独立、尊严，促进国家繁荣、富强，实现人民解放、幸福而斗争的过程中，中华儿女表现出来的对自己祖国无限热爱、忠诚的心理、行为和行动，是一笔优秀的历史遗产和宝贵的精神财富。在所有各种爱国主义行动中，有一条极为重要的内容，这就是每当外敌入侵，国家安全和人民生活遭到危难、威胁时而进行的正义的抵抗和英勇的斗争。

在中华民族抵御外侮史上，曾经出现过戚继光抗倭、郑成功收复台湾等英雄壮举。中国古代先贤那种报效国家、保卫民族利益的

强烈意识和炽热情怀，以及许多仁人志士"杀身成仁""舍生取义""前赴后继""赴汤蹈火""万死不辞"等言行，都给予中国青年学生很深的历史启迪和熏陶，也是九一八事变后中国青年学生爱国主义运动的主要力量源泉和精神支撑。

中国近代自 1840 年鸦片战争以来，帝国主义列强纷纷侵入，给中华民族带来了深重灾难。帝国主义的每一次入侵都引起了中华民族的有力反抗和斗争，这种反抗和斗争在一定程度上保卫了祖国领土完整，延缓了中国殖民地化的过程。在世界列强入侵中国的过程中，由于"日本帝国主义利用其和中国接近的关系，时刻都在迫害着中国各民族的生存，迫害着中国人民的革命"[①]。从 1894 年中日甲午战争开始，到 1945 年日本战败的 50 年里，日本帝国主义是中国人民最凶狠、最贪婪的掠夺者，给中华民族造成的灾难和伤害也最大。日本帝国主义每挑起一次侵华事端，都极大地伤害了中国人民的民族感情，因而也引起了中国人民大众的强烈反抗和斗争。所以，在近代中国反抗外来侵略势力的斗争中，反对日本帝国主义是中国人民大众爱国主义的一个突出的、重要的内容；打败日本帝国主义是中国人民高举爱国主义旗帜、实现民族解放的重要历史责任和使命。在历次反对日本帝国主义的斗争中，中国青年学生起到了先锋、带头作用。

1931 年九一八事变爆发后，奉天（今沈阳）、北平（今北京）、

---

①毛泽东：《中国革命和中国共产党》（1939 年 12 月），《毛泽东选集》（第 2 卷），人民出版社 1991 年版，第 622 页。

南京、上海、天津、广州、武汉等大中城市的青年学生迅速行动起来。他们首先把学生会改为"学生抗日救国会"或"反日会""青年救国会"等抗日团体，并联合工商市民、各界群众，进行抵制日货、罢工、罢课的斗争。各校的反日团体发通电、写宣言，揭露日本帝国主义的侵略阴谋。各地青年抗日团体还创办各种反日的小报、刊物，在民众中进行抗日爱国的宣传、鼓动工作。在众多形式的抗日活动中，游行、示威，向政府请愿的活动最为突出。据陈觉所著《国难痛史》记载，从1931年九一八事变到1932年初，各地爱国青年学生到南京请愿的就有四五万人之多。这些请愿的学生，提出全国人民团结起来，一致对外抗日，保卫国家、民族之独立、尊严，打倒入侵的日本帝国主义等要求。在全国各地青年学生反帝爱国斗争中，东北青年学生为抗日复土而进行的积极斗争尤为引人注目。有的流亡到北平组织了青年学生救国军，参加各种抗日救亡团体；有的则在家乡发动和组织群众进行武装抗日，在白山黑水间与日本帝国主义进行英勇战斗。1932年，上海"一·二八"抗战中，广大青年学生纷纷致电慰问第十九路军参战的将士，组织捐款、募集慰劳品，献纳、缝制棉衣。在上海各界组织的市民义勇军中，大部分是青年学生，经第十九路军翁照垣旅长改编为第十九路军随营学生义勇军并参加了上海保卫战。全国抗战爆发后，千千万万的青年学生，投笔从戎，参军参战，与入侵的日本帝国主义展开浴血厮杀，许多人为中华民族最神圣的抗战事业献出了宝贵的生命，谱写了一首首壮烈的爱国主义篇章。由于广大青年学生认识最敏感、行动最迅速、斗争最坚决，并以其高度的爱国主义激情，在抗日斗争中形成了一个最富有斗争精神、最勇敢顽强、最直言不讳的爱国群体。他们的抗日爱国主义行动，是对中华民族爱国主义传统的继承和发扬，是中国人民大众勇于反抗外来侵略精神的具体体现和鲜明展示。

二、中国青年学生在反对日本帝国主义侵略的同时，也坚决地反对本国政府的卖国、误国政策，从而使爱国主义得到升华，赋予爱国主义以全新的思想内容

爱国主义是一个历史范畴。一般地说，爱自己的国家、民族也就是爱国主义的一种表现。但是在阶级社会里，爱国主义又是一个现实性很强的问题，这就是当一个国家当权的统治集团的政策阻碍了民族的生存和发展，执行卖国、误国政策时，也必须坚决反对。这种行为也是一种爱国主义的正义行动，是对爱国主义本质和内涵的深刻诠释。1921 年中国共产党成立后，提出了彻底的反帝反封建的民主革命纲领，并领导中国人民进行了反帝反封建的英勇斗争，极大地刺激和促进了中华民族意识的新觉醒，使爱国主义体现为既反对帝国主义侵略，又反对本国政府卖国误国政策的双重内容，从而赋予源远流长的爱国主义以强大的生命力。

九一八事变后，南京国民政府实行不抵抗政策，继续执行"安内攘外"的方针。1932 年上海"一·二八"事变之后，南京国民政府从最初的妥协退让政策转变为"一面积极抵抗，一面谈判"的方针。这一方针虽然与九一八事变时的绝对不抵抗政策有所不同，但就其实质来说，仍然是把作战抵抗当作一种手段，而谈判求和才是最终目的。这种妥协、投降的误国政策，是国民党统治集团的阶级利益

所决定的。因而，在反对日本帝国主义侵略的同时，必须坚决反对南京国民政府和蒋介石妥协投降的误国、卖国政策。广大青年学生在通电、宣言中，在请愿书里，尖锐批评和揭露政府当局的不抵抗政策。他们向政府提出："速息内战，武装民众""反对妥协让步及签订任何秘密条约""反对国民党卖国政策"等要求和口号。这极大地触动了蒋介石南京国民政府的痛处，揭露了其"攘外必先安内"以及"不抵抗主义"的阴谋，在一定程度上促进了国民党内部的分化和转向。

1935年华北事变之后，北平青年学生掀起的"一二·九"运动，提出"打倒日本帝国主义""反对华北自治""停止内战，一致对外""打倒汉奸卖国贼"的口号，并在游行示威中与反动军警进行了英勇搏斗。"一二·九"运动是对国民党和日本侵略者长期恐怖统治的一个巨大冲击，表达了全国人民数年以来积压在心头的愤懑情绪，尤其表达了广大青年学生反抗南京国民政府误国政策以及一切卖国贼的决心和气概，使抗日爱国运动出现了又一个高潮。

抗日民族统一战线形成后，全面抗战初期，国民党还是比较积极抗战的。但由于国民党执行的是一条消极片面的抗战路线，后来，随着日本对其实行政治诱降为主、军事打击为辅的政策，国民党的抗日行动日趋消极，他们处心积虑制造与中国共产党领导抗日武装的摩擦，掀起了三次反共高潮。为此，中国共产党领导全国人民进行了"反投降、反分裂、反倒退"的坚决斗争。广大青年学生站在捍卫中华民族根本利益的爱国主义立场上，同全国人民一起，坚持民族正义和民众道义，同国民党的消极、反动政策，进行了坚决斗争。

从九一八事变爆发到抗战胜利结束的 14 年中，广大青年学生用自己的实际行动同蒋介石和国民党统治集团及反动投降分子的误国、卖国政策进行了坚决的抵制和斗争，使爱国主义精神落到了实处。这种爱国主义是一种体现了反帝和反对本国政府反动政策高度统一的、升华了的爱国主义，是更具深刻内涵、更加深层次的爱国主义。

三、中国青年学生在九一八事变后的爱国主义行动，起到了先锋带头作用，留下了伟大而深远的历史意义

1939 年，毛泽东在《青年运动的方向》一文中鲜明指出："现在的抗日战争，是中国革命的一个新阶段，而且是最伟大、最活跃、最生动的一个新阶段。青年们在这个阶段里，是负担了重大的责任的。"[1] 又说："五四"以来，中国青年们"起了某种先锋队的作用……就是带头作用，就是站在革命队伍的前头"[2]。这一论述是对中国青年学生在中国革命运动特别是在九一八事变后抗日战争中的爱国行动作出的恰当和正确的评价，也是一种积极和高度的评价。

九一八事变爆发后，中国广大青年学生的抗日爱国运动，呈现出行动迅速、斗争坚决、范围广大、影响面宽的突出特点和可喜局面，所以青年学生抗日爱国运动的发展总是伴随着一个个高潮的到来。九一八事变、上海"一·二八"事变后所掀起的反日浪潮中，中国

---

[1] 毛泽东：《青年运动的方向》（1939 年 5 月 4 日），《毛泽东选集》（第 2 卷），人民出版社 1991 年版，第 567 页。

[2] 毛泽东：《青年运动的方向》（1939 年 5 月 4 日），《毛泽东选集》（第 2 卷），人民出版社 1991 年版，第 565 页。

青年学生始终站在斗争最前线；"一二·九"运动中，北平学联组织南下宣传团、"中华民族解放先锋队"，把抗日爱国行动从北平、华北扩展到全国。通过"一二·九"运动，不仅使中国人民加深了对民族危机的认识、增强了救亡图存意识、激发了爱国主义热忱，而且也使中国人民看到了自己的力量，深刻认识到只有把国内各种救亡力量和团体汇集起来，同仇敌忾、团结一心，"把我们的血肉，筑成我们新的长城！""万众一心，冒着敌人的炮火前进！前进！前进！进！"才能有效地抵抗日本侵略者，才能驱逐日本侵略者出中国。在"一二·九"运动的影响下，中国人民增强了抗日斗争的自觉性和自信心，并在此基础上形成了汹涌澎湃、气势磅礴的全国规模的抗日爱国群众运动。

九一八事变后，在中国人民的伟大抗日战争中，中国青年学生经受了战争的洗礼、淬炼和考验，日渐觉醒，不断成长，迅速成熟，为中国革命的胜利增添了强大的后备军。抗日战争是一个过滤器，是一种清洁剂，也是一剂警醒药，它使中华民族的绝大多数人迅速觉醒，使他们的灵魂经受了一次清洗和纯洁的过程。这个过程对于广大青年学生来说，尤其重要。它淘汰了少数软弱动摇分子、投降卖国分子，锤炼了绝大多数爱国青年的斗争意志和精神品质，使他们在斗争中日益成熟。这种成熟的标志有两点：一是使中国青年学生对中国共产党有了更深刻的认识，并坚定地接受其领导；二是促进广大青年学生走上了与工农运动相结合的道路。

九一八事变爆发之初，中国共产党即号召全国人民团结起来反抗日本帝国主义的侵略，揭露南京国民政府的不抵抗政策；华北事变后，中国共产党以民族大义为重，捐弃前嫌，毅然促成抗日民族统一战线的建立；全国抗战爆发后，中国共产党又坚持全面抗战路线，同国民党的片面抗战路线做坚决斗争，积极开展游击战争，开辟敌后战场，并且坚持团结、抗战、进步的方针，巩固和发展抗日民族统一战线，日益成为抗日战争的中流砥柱。这一系列鲜活生动的历史事实，使爱国青年学生深刻认识到中国共产党是代表中华民族根本利益的政党，中国共产党是中国人民的先锋和楷模，只有中国共产党才能领导中国人民进行坚决的抗战，并最终取得胜利。正因为这样，在抗日战争各个时期，大批青年学生冲破国民党层层封锁线和各种阻力纷纷奔赴延安，奔赴中国反对日本帝国主义的红色中枢，奔向光明，奔向中国共产党的怀抱，团结在中国共产党周围，接受中国共产党的领导。这不仅使青年学生的爱国行动有了坚定、正确的组织领导和思想领导，也为抗日战争的胜利准备了干部条件，为后来的中国革命、建设和改革伟业培养了大批干部。

在接受中国共产党领导的同时，还必须同工农运动相结合，这是广大青年学生爱国运动的一种正确发展方向，也是广大青年学生认清革命主力军并投身其中的一种表现。1939 年，毛泽东在《五四运动》一文中深刻指出："革命的或不革命的或反革命的知识分子的最后的分界，看其是否愿意并且实行和工农民众相结合……真正的革命者必定是愿意并且实行和工农民众相结合的。"[1] 这从一定角

---

①毛泽东：《五四运动》（1939 年 5 月 1 日），《毛泽东选集》（第 2 卷），人民出版社 1991 年版，第 559—560 页。

度阐明了革命和反革命的界限或评判标准，实际上也指明了广大青年努力的方向、青年学生爱国运动发展的方向。

九一八事变后，在抗日战争中，广大青年学生正是沿着这个方向发展的。以"一二·九"运动为标志，知识分子、爱国青年学生开辟了一条同工农群众相结合的光辉道路，使他们同革命主力军坚定地走到了一起。九一八事变后，在广泛的爱国运动中，广大青年学生日益成熟，坚决接受中国共产党的领导，努力实现同工农民众相结合，这是广大青年学生参加爱国运动的必然结果和可喜成果，也说明了爱国运动对青年学生自身成长、发展的巨大作用和重要意义。

第六章

关于九一八事变后国联的调解活动以及历史教训

1931 年九一八事变发生后，在中国的要求下，国际联盟（以下简称国联）行政院开始对中日进行调解。九一八事变发生时，正值国联行政院第 65 届理事会召开。当时，国联有 63 个成员国。美国曾经是国联发起国，但因与英法两国存在争夺国联领导权的矛盾，美国国会决定不参加国联。而实际上，美国对国联的活动具有很大影响。另外，作为社会主义国家的苏联也未被邀参加国联。国联有 14 个理事国，其中英、法、日、德、意等 5 国为常任理事国；爱尔兰、西班牙、挪威、秘鲁、波兰、危地马拉、南斯拉夫、巴拿马、中国等 9 国为非常任理事国。在中国政府对日本侵略东北提出控诉后，国联行政院召开多次会议进行调解，并派出以李顿为首的调查团到中国和日本进行调查，写出调查团报告书。国联的调解活动，从 1931 年 9 月 22 日到 1933 年 3 月 27 日日本退出国联为止，凡 3 个年头共 19 个月，可以分为 3 个阶段，各阶段的主要特点是会议较多、内容繁杂，结果以失败而告终。国联调解的失败给我们留下了值得总结深思的经验教训。

一、国联三个阶段的调解活动

从 1931 年 9 月 22 日至 1932 年 1 月为国联调解的第一阶段。

1931 年 9 月 21 日，中国代表施肇基正式向国联秘书长发出照会，简要叙述自 9 月 18 日以来日军对东北沈阳及各交通路线占领的暴行后，要求"国联殊有依据盟约第 11 条之规定行动之必要。请行政院根据第 11 条所赋予之权力，立采步骤，阻止情势之扩大而危害各国间之和平，并恢复事变前原状，决定中应得赔偿之性质与数额"①。国联盟约第 11 条的内容是："凡任何战争或战争之危险，不论其立即涉及联合会任何一会员与否，皆为联合会全体之事；联合会应用任何办法视为敏妙而有力者，以保持各国间之和平。"②

9 月 22 日，国联行政院举行第 3 次会议，行政院主席提议由英、法、德、意、西（班牙）5 国代表组成较小委员会，以便处理中日纠纷③。并向中日两国政府发出紧急通告："务须避免一切足以使事变扩大或足以妨害和平解决之行动；与中日两国代表协商一种确实方法使两国立即撤兵，使两国人民生命财产不受妨害。"④国联行政院解决中日纠纷的第 1 个通告即失掉其应有的正义立场，对侵略一方的日本不加谴责，对被侵略一方的中国不表示同情，而且提出两国同时撤兵的要求。

9 月 30 日，国联行政院召开第 7 次会议，一致通过自九一八事变中国向国联控诉日本军国主义对东北侵略后形成的第 1 个决议。这个决议已经认明日本政府声明对中国无领土野心，一俟日侨生命财产安全能获得有力保障之程度，即开始向铁道线内撤军⑤。行政院通过第 1 个决议之后，日本不但毫无撤兵诚意，反而不断增兵并派出飞机大肆轰炸。

①中国国民党中央委员会党史委员会编：《中华民国重要史料初编——对日抗战时期绪编》（一），裕台公司中华印刷局 1981 年版，第 323、324 页。
②［美］韦罗贝著：《中日纠纷与国联》，商务印书馆 1937 年版，第 664 页。
③［美］韦罗贝著：《中日纠纷与国联》，商务印书馆 1937 年版，第 47 页。
④《辽吉被占纪实》，《国闻周报》第 8 卷第 38 期，第 16 页。
⑤《东北日祸反响录》，《国闻周报》第 8 卷第 39 期，第 6 页。

在 10 月 16 日国联行政院第 12 次会议后，英、法、德、意、西等 5 人委员会秘密协商，形成决议草案并在 10 月 24 日行政院第 16 次会议上进行表决。这个决议强调是 9 月 30 日决议之继续。但这个决议明确提出在下次会议 11 月 16 日以前完全撤退日军。在投票表决时，日本不同意限定时间而投反对票。结果是 14 个理事国有 13 票赞成，日本 1 票反对。按国联盟约第 5 条第 1 项规定，国联大会或行政院开会时之决议，应得列席会议之会员全体通过，因决议未获全体同意不为有效。面对骄横顽固、执迷不悟的日本，国联决议竟然无能为力，而行政院主席还说 24 日决议虽因日本反对而无法律效力，但仍有"道德上完全力量"[①]。中国政府和蒋介石于 9 月 26 日发表宣言和讲话，认为国联决议案"尚未达到吾人要求之目的，未必能十分满意""但国联地位与其经过种种苦心，不能不说已尽责任，亦不能不说国联已表现其精神与力量"[②]。当时南京国民政府既不能组织全国军民进行抵抗，也拿不出独立、强有力的办法与日本交涉抗争，一面任日军肆虐强暴侵略，一面躺在国联怀抱等待公道、公理的支持和解决，表现了国民政府及主要当权者执行误国政策的危害性。

对于国联行政院第 2 次决议，日本拒不接受，同时亦拒不撤兵，继续坚持其顽固立场，侵略气焰更加嚣张。11 月 19 日，日军侵占齐齐哈尔之后，又转向辽西用兵。

---

①［美］韦罗贝著：《中日纠纷与国联》，商务印书馆 1937 年版，第 113 页。
②《公理强权肉搏战》，《国闻周报》第 8 卷第 43 期，第 12 页。

11月25日，中国政府命令施肇基向行政院提出划锦州中立区的建议[①]。国联行政院11月26日行文中日两国政府，提出派观察员前往锦州区域，以考察在华军与日军间是否有建立一个中立区域之可能或者其他制度，以阻止两当事国军队之冲突[②]。日本一面在国联行政院制造障碍，一面沿北宁路西进，不断向辽西增兵。在这种情势下，中国政府提议设置中立区不仅不能避免中日军队再起冲突，反使日军继续侵略不已。如此丧失主权之提议在国内外皆造成不良影响，特别是在国内遭到很大谴责。中国政府在巨大压力之下，于12月4日电令施肇基撤回锦州中立区之提议。国联行政院秘密讨论后，也于12月7日放弃中立区的设想，保持锦州前方现时原状。

为再次寻求解决途径，国联行政院于12月9日第19次会议提出一决议草案，重申行政院9月30日决议之有效，敦促日本撤兵；决定组成一个5人调查委员团，中日两国各派一个调查员襄助调查团工作[③]。这个决议在12月10日举行的第20次行政院会议上获一致通过。

在国联行政院受理中国控诉日本发动九一八事变对东北进行侵略的案件以来，到1931年12月10日，先后形成3个决议，其中1个因日本反对而不发生法律效力。决议中虽然也有敦促日本撤兵或限期撤兵、避免冲突、扩大事态的内容，但由于联合国几个主要成员国态度暧昧，甚至姑息纵容，因而使形成的有效决议和无效决议，

---

①《国际外交步骤错乱》，《国闻周报》第8卷第48期，第4页。
②[美]韦罗贝著：《中日纠纷与国联》，商务印书馆1937年版，第144页。
③《国联尽最大努力》，《国闻周报》第8卷第49期，第9、10页。

基本上一律无效。在解决中日纠纷的第一阶段唯一有效的提议就是决定派遣调查团。

在决定派遣国联调查团以后，行政院于1932年1月中旬对被邀请参加调查团的美、英、法、德、意等5国成员征求意见。

随后，国联调查团依照1931年12月10日行政院"考察业经提交行政院之中日争端，包括所有该项争端之原因、发展及调查时之状况；考虑中日争端之可能解决的方法，该解决方法将使两国基本利益能相融洽"①的两项决议内容，前往中国、日本进行调查。

从1932年1月25日到1932年9月是国联调解的第二阶段。

1932年1月，日军侵占锦州后积极筹备建立伪满洲国，国际上对日本的行为颇为反感。为此，日本政府拟在上海另造一项事变，以转移世界注意力，掩护关东军全力清除正在兴起的东北抗日义勇军。1月中下旬，日军准备发动对上海的进攻。在这种形势下，1月25日，国联行政院第66届理事会召开。在第1次会议上，中国代表说：日本陆海军已逼近上海，数万外侨，数十万华人生命均受威胁，所有兆亿资本亦均受影响，所以请行政院早行考虑此事②。在1月25日下午举行的国联行政院第66届理事会第2次会议上，中国代表指出按目前情形，国联盟约第11条已不能解决中日争端，须采用盟约其他条款及补救办法。1月28日，日军开始在上海登陆，对上海发起进攻。在1月29日的行政院第6次会议上，中国代表致函国联秘

①中日问题研究室编：《国联调查团报告书》（绪言），民先印刷公司1932年版，第9页。

②［美］韦罗贝著：《中日纠纷与国联》，商务印书馆1937年版，第187页。

书长，要求国联采用盟约第 10 条及第 15 条所有适当及必要行动①。
2 月 19 日，行政院举行第 66 届理事会第 12 次会议，根据中国政府
之申请按盟约第 15 条第 9 段之规定议决将中日争议案移交国联大会。
2 月 29 日，行政院举行第 66 届理事会第 14 次会议，主要讨论上海
情况。

1933 年 3 月 3 日，国联特别大会召开。中国代表发言申明中国
之立场，请求大会阻止日军在华之一切敌对行动，觅求和平解决整
个中日争议及解决满洲、上海事件之方法②。中国代表要求承认国联
盟约已被日本破坏，对中日间事态，中国不负丝毫责任③。日本代表
发言时强词夺理，称满洲、上海情势乃中国方面排外运动之结果。

在国联特别大会第 2 次会议上，大会主席提议成立总委员会。3
月 4 日到 8 日，总委会举行了 5 次会议。这几次会议最大的特点就
是若干小国得到发言机会，对国联处理中日纠纷以激昂之言词表示
深切关心，也表露了对国联处理中日纠纷之不满。

3 月 11 日，总委员会第 7 次会议决定设立 19 国委员会代表大
会执行职务。会后，随即组成 19 国委员会，其成员是国联大会主席
比利时代表希孟为 19 国委员会主席，行政院理事国中除中日双方外
的 12 个国家的代表。另用无记名投票选举瑞士、捷克、哥伦比亚、
葡萄牙、匈牙利、瑞典等 6 会员国加入共同组成。4 月 29 日，19 国

①中国代表致函共 6 条，原文详见《列强制裁暴日》，《国闻周报》第 9 卷第 9 期，
第 1、2 页。
②[美]韦罗贝著：《中日纠纷与国联》，商务印书馆 1937 年版，第 256、257 页。
③[美]韦罗贝著：《中日纠纷与国联》，商务印书馆 1937 年版，第 256、257 页。

委员会向国联大会提出上海停战报告书。4月30日，国联特别大会召开第5次会议，除日本弃权投票外，一致通过19国委员会提出的关于上海问题决议。此次国联大会后，上海停战协定于5月5日正式签字。5月10日，国联行政院第67届理事会召开，与中日纠纷涉及无多。7月26日，国联大会第6次会议召开，主要研究延展国联调查团报告书的翻译工作，此后直到9月，行政院及国联大会再未讨论过中日事件。

国联调解中日纠纷的第二阶段，有两件大事：一是中国利用盟约第10条、第15条申诉成功。不仅许多小国有了充分自由发表意见，谴责日本对中国侵略，对国联办事不公不力的机会，而且国联中的英法等大国虽然仍然力避与日本发生冲突，但由于日本在上海的军事行动直接危及英法及美国的利益，面对日本无限扩张侵略，也不得不承认因行政院调解失败，中国援用盟约第10条、15条向国联大会申诉为适当。二是上海停战协定的签字。从这一阶段国联调解活动的重点看是放在上海中日冲突事件上，但中国代表始终坚持处理上海事件之原则及举动，应依照1931年9月30日及12月10日决议精神，究其根源，倘若东北问题未作有效之处理，深恐蔓延所至将及中国其他地区，不仅中国及其人民之利益，且在华外人也有重大利益之损害。因此，上海事件发生与否，中国政府都会援用盟约第15条向国联大会申诉[1]。

从1932年9月到1933年3月末是国联调解的第三阶段。

---

①[美]韦罗贝著：《中日纠纷与国联》，商务印书馆1937年版，第231页。

国联调查团在中日两国进行调查研究后，报告书于 1932 年 9 月 1 日全部整理完成，9 月 4 日各委员签字。

调查团报告书对日本的侵略行动有所揭露。在叙述一些历史事实过程中，有些正确的观点和符合实际的看法。例如，报告书批驳了日本的"中国并非是一个有组织的国家""应取消其国联会员国之资格，所有盟约中之保护条款均不适用中国"的谬论[①]。明确指出东北三省为中国领土之一部，批驳了日本"满蒙非支那领土亦非支那特殊地域"之谬论[②]。报告书对日本在南满路沿线设置守备队问题，认为"关于守备队之争执，引起不断之困难"，不仅表现"两国政策在满洲之根本冲突，且常为伤害不少人命之不幸事件之原因""日本守备队在铁路区域外实行操演，此种行为，中国人民无论官吏或平民，尤一致痛恨，认为不独于法律不当，且易惹起不幸事件"[③]。

尽管在上述一些问题上报告书作了较客观、公正的叙述，但其主旨则是以殖民主义为理论基础，在承认并维护西方列强在华既得利益、维护门户开放原则；承认和维护日本在华，特别是在东北的特殊地位、特殊权益的前提下进行调查的，因此报告书也提出有损中国主权的荒谬主张。

报告书说："中日之争一案，非此国对于彼国不先利用国联盟

---

① 中日问题研究室编：《国联调查团报告书》，民先印刷公司 1932 年版，第 22 页。

② 中日问题研究室编：《国联调查团报告书》，民先印刷公司 1932 年版，第 59 页。

③ 中日问题研究室编：《国联调查团报告书》，民先印刷公司 1932 年版，第 81、82 页。

约所定之和解机会而遽行宣战之事件，亦非此一邻国以武力侵犯彼一邻国边界之简单案件，实因许多特点，非世界其他各地所可确切比拟者也。"① 报告书又说："如仅恢复原状，并非解决办法""维持及承认满洲之现实组织亦属不当。"② 要圆满解决中日问题的原则需要一些条件，其中重要的是必须"承认日本在满洲之利益，日本在满洲的权利及利益乃不容漠视之事实，凡不承认此点或忽略日本与该地历史上关系之解决，不能认为满意"③。怎样才适当呢？报告书说：东北"领土在法律上虽为中国不可分离之一部，但其地方政府实具有充分自治性质"④。因此，"满洲政府应加以变更，俾其在适合中国主权及行政完整之范围内，获得足以适应该三省地方情形与特性之高度自治权"⑤。这个满洲自治权在地域上仅施于辽宁、吉林、黑龙江，日本现时在热河所享有之权利，当于关系日本利益的条约中加以规定⑥。报告书为组成满洲自治政府，还向国联行政院提出程序性的具体建议：在自治政府实行中央与地方分权。保留于中

---

① 中日问题研究室编：《国联调查团报告书》，民先印刷公司 1932 年版，第 207 页。

② 中日问题研究室编：《国联调查团报告书》，民先印刷公司 1932 年版，第 209 页。

③ 中日问题研究室编：《国联调查团报告书》，民先印刷公司 1932 年版，第 213 页。

④ 中日问题研究室编：《国联调查团报告书》，民先印刷公司 1932 年版，第 203 页。

⑤ 中日问题研究室编：《国联调查团报告书》，民先印刷公司 1932 年版，第 213、214 页。

⑥ 中日问题研究室编：《国联调查团报告书》，民先印刷公司 1932 年版，第 220 页。

央政府的权限只有 5 项，其中，保留于中央政府的外交权，"除特别规定外，有管理一般条约及外交关系之权，但中央政府不得缔结与宣言条款相违反之国际协定"①。实际上，除宣言规定的条款外，中央政府在东北的外交权被严格地限制了。财政权，中央政府在东北"有管理海关、邮政并或可有管理印花税及烟酒税行政之权。关于此类税款之纯收入，中央政府与东三省间如何公平分配，当由顾问会议规定之"。除上述各种税收，由中央和地方分配外，其他一切税收，中央政府不得过问。

国联调查团向行政院的建议，名义上否定了一个伪满洲国，实际上又重新组建了一个标榜自治的、继续维护日本利益的另一个满洲国。调查团的所谓自治政府，实际上是受国际协定之约束，带有国际共管性质的政权，它名义上保留在中央政府之下，实则剥夺了中央政府对东北的主权。这是调查团报告书关于殖民主义理论的一个重要体现。

此外，报告书还称赞日本开发东北的成就，几乎全部肯定日本利用各种机会和手段在中国，特别是在东北三省所取得的特权和特殊地位，对于日本为维护其特殊权益与中国发生的纠纷表示同情和谅解。

报告书还极力美化西方列强入侵中国的功绩，把 1842 年中国清廷政府被迫与英国签订的《南京条约》称之为"中国开始开放"，

---

① 中日问题研究室编：《国联调查团报告书》，民先印刷公司 1932 年版，第 220 页。

把中国割地、赔款、丧失主权被迫签订的各种不平等条约及外国人享有领事裁判权，在各地开设通商口岸，行政、军事机关的原因，说成是中国政府"绝不事变通，难为同化""中国与列强各持成见，无法融洽，势必出于抵触，发生战事而引起的"①。从根本上掩盖了西方列强对中国进行侵略的本质。

报告书还诬蔑中国的民族主义。称中国的民族主义具有"排除外国势力之特殊色彩"，说这种民族主义的政治活动，"徒使各国惊骇，对于现时藉为唯一保障之权利，更增不愿放弃之感"②。

报告书一经在中国发表，立即引起巨大反响。南京国民政府从1932年10月3日开始对报告书进行详细研究和讨论。表示对国联调查团报告书"大体上将表示同意""惟其中有若干点必须提出异议"③。

虽然报告书在总的基调和原则上维护日本、偏袒日本，但在九一八事变中的日本是否正当自卫与成立"满洲国"两个重大问题上，调查团没有按日本的申诉愿望和口径叙述并结论，所以日本表示强烈反对。

国联调查团报告书既经发表，各方态度均已明确。12月1日，国联大会特委会举行第3次会议，赞成行政院将调查团报告书送交国联大会讨论。12月6日，国联大会第9次会议召开。中国代表提出：

①中日问题研究室编：《国联调查团报告书》，民先印刷公司1932年版，第18、19页。

②中日问题研究室编：《国联调查团报告书》，民先印刷公司1932年版，第25、27页。

③《一周间国内外大事述评》，《国闻周报》第9卷第40期，第2页。

大会应宣布日本已破坏国联盟约及非战公约，应令日本将其军队撤回铁路区域；大会应宣布不承认满洲国；大会应切实规定日期解决双方争议等 4 项请求 ①。日本代表作长篇发言，表明其反对调查报告书、维护伪满洲国的立场。

1933 年 2 月 21 日，国联第 16 次全体会议召开。同时，19 国委员会已经起草两份议决草案。第 1 号草案主要内容是：决定组织一委员会，根据调查团报告书第 9、10 两章之原则，建议同两当事国进行谈判以求解决。该委员会以 19 国委员会为基础，并请美苏两国参加。第 2 号草案主要内容是大会对调查团所给予国联之厚助表示感谢，认为调查团报告书乃一种"明通公平文件之模范" ②。19 国委员会数次与日本沟通，劝告日本稍示让步，但日本仍坚持必须承认满洲国，反对美苏参加会谈。

日本坚持的条件，是 19 国委员会和中国所不能接受的。因此在 1933 年 2 月 21 日国联第 16 次大会全体会议上，大会主席宣称委员会调解的各种努力悉归无效。19 国委员会根据盟约第 15 条第 4 项"倘争端当时不能调解解决，行政院经全体或多数之表决，应缮写报告书，说明争议之事实及行政院认为公允适当之建议" ③ 规定提出报告书，提交国联全体大会。

19 国委员会所提出的报告书除重复行政院和国联大会处理中日纠纷经过外，主要依据调查团报告写成洋洋万余言，未提出任何有

---

① [美] 韦罗贝著：《中日纠纷与国联》，商务印书馆 1937 年版，第 416、417 页。
② [美] 韦罗贝著：《中日纠纷与国联》，商务印书馆 1937 年版，第 422 页。
③ [美] 韦罗贝著：《中日纠纷与国联》，商务印书馆 1937 年版，第 646 页。

价值和实质性的建议。因为报告书多采纳调查团报告书所叙述之事实及建议，日方坚不接受。此报告于 2 月 24 日提交国联大会第 17 次会议表决。第 17 次大会共 44 国参加，42 国赞成采纳报告书；暹罗（今泰国）弃权按未出席对待；日本反对。大会主席宣布报告书一致通过。

日本在国联大会遭到孤立和谴责。为了摆脱国联的束缚，遂于 1933 年 3 月 27 日发出通告，宣布退出国联。此后一段时间，国联虽未完全放弃调解，但日本退出国联后再未进行公开活动，国联调解中日纠纷完全失败。就在国联通过 1933 年 2 月 14 日大会报告书时，日军已将兵力集中，准备攻占热河并虎视眈眈盯住华北，其侵略气焰愈加嚣张。

二、深刻的历史教训

国联的调解最终以失败而告终，其深刻教训值得我们认真思考。

第一，国联作为一个国际组织，其机构、盟约不可谓不健全，自国联成立以后也调解过一些国际纠纷，但任何一次国际纠纷，其程度都没有日本帝国主义发动九一八事变、侵略中国这次事件这样严重。在调解处理这样重大的国际纠纷中，国联缺乏其应有的权威性和公正立场。国联虽有几十个国家参加，但真正起作用的、掌握操纵实权的只是英、法等几个大国。操纵实权的英、法等大国，在九一八事变发生后，基本上都是对日本采取纵容、姑息和包庇立场，国联几次决议都未能使日本侵略气势稍加收敛。中国政府虽曾多次请求国联对日本采取制裁措施，但国联始终未予理睬。国联会员国中诸小国，虽然大多不满意国联的软弱无能和不公正，但是左右不了国联中英、法等几个帝国主义大国的决策。国联本身对日本的暧昧态度和其软弱无能的决策，注定了国联调解的失败。

第二，日本军国主义分子按其既定国策，决心发动一场侵略中国的战争，是经多年精心准备在适当时机挑起的。这些战争狂人一旦发动战争，绝不肯轻易收手。日本贪得无厌的侵略欲望和国联中诸西方大国的姑息、纵容，更助长了日本侵略的野心。历史证明，对于像日本军国主义这样战争狂人的任何迁就、姑息，都是对世界和平和正义的一种极大犯罪。

第三，国联调解中日纠纷的失败，再一次证明南京国民政府及其主要当权者奉行的"先以公理对强权，以和平对野蛮，忍痛含愤，暂取逆来顺受，以待国际公理之判断"误国政策的破产。公理不公，强权不抑；求救不如自救。国联调解的失败使许多人，包括一部分当权者认清了这样一个残酷的现实。虽然在国联调解失败后，南京国民政府还没有放弃不抵抗政策，但在日本侵略热河、向长城各口攻击时，却也组织了一定力量进行抵抗。全国民众也进一步认识到：徒依国联等于自取灭亡，自助者自强；只有依靠自己的力量去与侵略者进行斗争，才是唯一出路。

第七章

关于世界各国对九一八事变的态度

日本帝国主义悍然以武力发动九一八事变，在国际上也引起了巨大震动。许多国家，特别是美、英、法等几个资本主义国家和社会主义的苏联都作出反应，并且根据各国政府的现行政策和在华利益，以各种形式表达了各自政府的态度。各国政府的态度和反响，随着日本侵略进程的发展和国际形势的变化，也不断发生变化。

一、美国的态度：不承认主义

美国是后起的帝国主义国家，其在华权益是第一次世界大战后，在"门户开放，机会均等"的口号下获得的。1928 年 11 月，南京国民政府得到美国的承认，并与之建立了外交关系。南京国民政府采取了有利于美国的经济政策，从而使美国在华利益不断扩大。

日本帝国主义发动九一八事变，自然也是对美国在亚洲势力范围的一次挑战和威胁。九一八事变前，美国对中国东北地区的贸易和投资有较快的增长，它对日本的不断扩张表示明显的不满。但是，由于日本的武装侵略开始只在中国东北地区，同英美等主要帝国主义国家还没有发生严重利害冲突；同时美国还"预料日本将同苏联发生冲突"[①]"希望日本以东北为跳板，北上攻苏"[②]，欲借日之力量遏制苏联。所以在九一八事变发生后，美国采取了所谓冷静观察的方针。九一八事变前，日本在中国东北地区不断制造紧张局势，美国方面早已洞悉。日本为谋求美国的谅解，其驻美大使出渊

---

①[苏]列·库达科夫著:《现代国际关系史》,世界知识出版社1958年版,第339页。
②颜声毅等著：《现代国际关系史》，知识出版社 1984 年版，第 195 页。

在 1931 年 9 月 17 日与美国国务卿史汀生会谈，据云，史汀生表示美国允许"不与闻满洲事变"①。九一八事变发生后，中国政府在向国联申诉日本侵略的同时，也向非国联成员国的美国政府提出请求，希望"美国国务院对日本侵略者施加影响，可是美国国务院甚至不屑对这个请求作答"②。而且认为日本侵略中国东北"尚未能视作侵犯（凯）洛格非战公约"，"并无警告日本在非战公约下所负义务之必要"③。直到 9 月 24 日，美国国务卿史汀生在致中日两国照会中才表示："美政府与人民观察满洲已往数日间情势，认为遗憾且极堪忧虑。"美国政府"以为国际关系应以和平原则与方法为依归，并鉴于国际订有条约数宗，其规定条款，意在设法调解各国间争端而不致使用武力。美国亦为其中数条约订约国之一，故感觉理应向中日两国政府表示，希望其命令军队，避免再有战争，各自调处其武装军队，令符合国际公法与国际协定，并避免足以妨碍用和平方法达到解决歧见之举动。"④美国的这个照会，不是谴责日本政府的侵略行为，而是笼统地希望中日双方以和平原则，按国际条约解决争端，避免战争，实际是助长了日本的侵略欲望。

当美国这个照会到达南京后，南京国民政府外交部即驰电复美，指出："当此国际公法、国际条约横遭蹂躏之际，除日本立即撤兵、完全退出占领区域，予被害方面之中国政府及人民以充分之补偿外，

①颜声毅等著：《现代国际关系史》，知识出版社 1984 年版，第 195 页。
②［苏］列·库达科夫著：《现代国际关系史》，世界知识出版社 1958 年版，第 339 页。
③《辽沈被占纪实》，《国闻周报》第 8 卷第 38 期，第 19 页。
④《东北日祸反响录》，《国闻周报》第 8 卷第 39 期，第 7 页。

中国政府不能另用其他方法以满足国际公法国际条约之需求。中国政府热诚希望，立即采用最有效之方法，以维持上述国际条约之尊严及其不可侵犯之原则，庶几各国尤其美国过去维持和平之一切努力，不至全废也。"① 这就是说，当时南京国民政府不满意美国这个是非不分的照会。而日本方面对美国这个照会则答复："不愿有事外国家作任何调解举动。"② 日本既未得到各国强烈反对，就更加肆无忌惮地扩大侵略范围。1931 年 10 月 8 日，日本对锦州进行轰炸，中国代表将此消息报告国联行政院，并将此严重局势通知美国。美国担心日本再向关内扩张，危及英美国家在华北的利益，因此于 10 月 9 日召开内阁会议，讨论满洲危机问题。内阁会议表示："美政府将设法促进全世界舆论总动员，反对再进一步之中日敌对情势。"③ 内阁会上，以史汀生为首的一部分人曾主张对日本采取行动，实行经济制裁。但胡佛总统一直抱着不介入的态度，他说，不允许"任何人在任何情况下将这个婴儿（指满洲事变）放在我们膝上"④。因此，内阁决议"美国政府对日似不致径直采取直接举动"⑤。当时美国国务院远东事务科负责人霍贝克向史汀生建议，与其"美国单枪匹马进入这个中日满混杂的丛林"，不如与国联合作为好。史汀生、胡佛都接受了这个建议，并于 10 月 9 日指示美国驻日内瓦总领事吉尔伯特准备出席国联会议。10 月 11 日，史汀生通过美驻日大使向

①《东北日祸反响录》，《国闻周报》第 8 卷第 39 期，第 8 页。
②《东北日祸反响录》，《国闻周报》第 8 卷第 39 期，第 8 页。
③《国联对日人占领东北之裁判》，《国闻周报》第 8 卷第 41 期，第 8 页。
④王桂厚编著：《三十年代美国的中立政策》，解放军出版社 1987 年版，第 9 页。
⑤《国闻周报》第 8 卷第 41 期，第 9 页。

日本外务大臣递交一份节略，其中有："国务卿不得不认为对锦州之轰炸极为严重，并欢迎外务大臣再以消息相告，以明其意。"①10月16日，在国联行政院召开的第12次会议上，吉尔伯特列席了会议，宣布了美政府训令："美国代表参加关于适用美国为缔约国之非战公约各项讨论，并希将讨论结果呈报国务院，以便决定可行之举动。美国代表为参与关于中日争议其他方面之讨论时，只准以观察员及旁听员的资格列席。"② 这就是说，美国派代表参加国联会议，是有条件的、小心翼翼的。其代表在会上除"曾有纯形式之陈述而外"，"始终未发一言""实无何种可贵之成效"③。10月19日，史汀生下令召回美国代表，不继续参加国联讨论。但于10月20日再向中日两国发出照会，援引非战公约第2条："缔约各国间设有争端，不论是何性质，只可用和平方法解决。"因此，美国政府再次"希望中日两国政府遏止足以引起战端之一切措置，并能于最近期间内同意觅取和平方法解决争端"④。美国政府无关痛痒的照会，不仅不能对日本政府产生任何约束力，反而还给日本提供一个继续为其侵略行为进行辩解的机会。

1931年11月4日，日军在嫩江桥发起大规模进攻，把侵略目标指向黑龙江省会齐齐哈尔。美、英、法等国认为日本此举是北上进犯苏联的序曲。11月5日，史汀生对日本驻美大使出渊说，美国

①［美］韦罗贝著：《中日纠纷与国联》，商务印书馆1937年版，第67页。
②［美］韦罗贝著：《中日纠纷与国联》，商务印书馆1937年版，第88页。
③［美］韦罗贝著：《中日纠纷与国联》，商务印书馆1937年版，第90页。
④［美］韦罗贝著：《中日纠纷与国联》，商务印书馆1937年版，第92、93页。

政府对东三省事件之态度没有变化，并于当天向日本政府发出一份节略，内称：美国政府对 9 月 30 日决议及 10 月 24 日行政院 13 国投票赞同的议决草案详加研究后，认为日本应"参照其他各国之意见，于解决中日两国间悬案之谈判，不应作为撤兵之先决条件"①。美国这份节略，一方面对于国联两次决议表示了一般支持的立场；另一方面对于 10 月 24 日国联决议，限期日军于 11 月 16 日撤出占领区，返回南满铁路区域内一事不表示态度。这也表明，美国既想赞同国联多数国家的意见，又不想过分刺激日本。

日军于 1931 年 11 月 9 日占领齐齐哈尔之后，并没有像美英等国期望的那样进攻苏联，而是再一次掉头南下进攻锦州。日军经过短时间的军事部署，于 1932 年 1 月 2 日占领锦州。1 月 7 日，美国政府分别向中日两国政府发出照会："最近锦州方面之军事行动将 1931 年 9 月 18 日以前中华民国政府在南满最后存留之行政权威破坏无遗。美国政府仍深信国联行政院近日所派之中立调查团必能使中日两国间现时困难终得解决。但美国政府鉴于目前情势及其自身之权利与义务，认为有对于中日两国政府作下列通知之义务：即美国政府不能承认任何事实上的情势为合法。凡中日两国政府或其代表订立之任何条约或协定，足以损及美国或其人民在华条约上之权利及中国之主权独立或领土及行政完整或违反国际上关于中国之政策，即通常所谓门户开放政策者，美国政府均无意承认。又，凡以违反 1928 年 8 月 27 日，中日美三国均为缔约国之巴黎公约之方法

---

① [美] 韦罗贝著：《中日纠纷与国联》，商务印书馆 1937 年版，第 122 页。

而造成之情势或缔结之条约或协定，美国政府亦无意承认。"①美国政府的这个照会，有两个要点：一个是，在日军占领锦州，最后存留的辽宁省行政权解体的情形之下，美国仍不放弃外交努力，表示继续与国联合作，充当中日之间的调停人并相信国联能够解决中日两国现实困难。美国的这种立场，反映出对日本继续扩大侵略的行为的不满情绪的一面。另一个要点是，照会声明如果中日间因此订立的有损害美国在华权益的一切条约和协定，美国政府都将"不予承认"。照会宣称的"不能承认""无意承认"，等等，史汀生称其为美国的"不承认主义"，也是对美国自九一八事变以来奉行的外交政策的总概括。美国政府"不承认主义"的实质，只是为维护其在华权益不受侵害，并不采取实际步骤制止日本在中国东北的侵略行动，所以照会本身只是一种空洞的宣言。史汀生在 1932 年 1 月 8 日发表一项补充说明说："美国丝毫无意干涉日本在满洲合法条约权利，美国不拟过问日本任何事件，唯此事件不得破坏美国的权利。"②这就更充分证明了美国"不承认主义"的实质。美国"不承认主义"的照会发出后，南京国民政府声称："对于 9 月 18 日以后日军种种侵略及一切非法行为，业已向日本政府提出严重抗议，并向国际声明概不承认在案"；同时声明中国政府绝无与日本订立任何条约或协定之意。日本政府于 1932 年 1 月 16 日复照美国时说：在对待非战公约上"日本既无采取不正常方法之意，故此项问题实

---

①［美］韦罗贝著：《中日纠纷与国联》，商务印书馆 1937 年版，第 183 页。

②世界知识出版社编：《中美关系资料汇编》（第 1 辑），世界知识出版社 1957 年版，第 55 页。

际上亦不发生"。日本在复照中极力为其侵略行为辩解,再次声称"在满洲未有领土目的或野心"①。美国"不承认主义"的照会,既未能对日本政府产生作用,也未得到英法等国的支持。

1932 年 1 月 28 日上海战事的发生,直接威胁了美国在华利益,此时美国反应较为强烈。美国曾于 2 月 2 日通过驻日本大使和驻南京总领事向中日两国提出停止一切暴力行为,设立中立区域,隔离交战国以保护公共租界,派中立观察员参与谈判,以解决中日现存之各项纠纷等 5 项条件②。美国政府还从马尼拉派遣巡洋舰和步兵第 31 团到上海,并扬言"我们的海军要开到上海去采取必要的手段保护美国人"③。2 月 16 日,国联行政院除中日两国外的 12 个会员国发出致日本政府紧急申请书,敦促日本停止对上海的攻击。此申请书,虽口吻强硬,但并未能阻止日本行动。日本政府于 1932 年 2 月 23 日发出复文,并附有声明书,内称:行政院"对日本政府而提出申请书实无必要,盖停止军事冲突之关键握诸中国领袖之手,而日本并不愿有军事冲突也"④。日本声明书发布后,美国政府认为应表明态度,重申华盛顿九国公约不仅有效,而且完全适用于满洲及上海发生之事件。于是,2 月 24 日发表了国务卿史汀生致参议员波拉的公开信。史汀生公开信回顾了美国自 1899 年确立对华门户开放政策的历史过程,吹嘘对华政策的目的是,一方面对中国可使"中国

①[美]韦罗贝著:《中日纠纷与国联》,商务印书馆 1937 年版,第 184、185 页。

②[美]韦罗贝著:《中日纠纷与国联》,商务印书馆 1937 年版,第 298、299 页。

③[苏]赛沃斯奇雅诺夫著:《美国在远东战争策源地形成中的积极作用》,世界知识出版社 1957 年版,第 51 页。

④[美]韦罗贝著:《中日纠纷与国联》,商务印书馆 1937 年版,第 217 页。

有永久安全及和平，保全中国领土行政之完整"；另一方面，对其他各国可"保障各友邦依据条约及国际公法对中国所得之权利，并为世界维持对中国各部均等公允贸易之原则"。公开信又说：1922年太平洋有关国家形成九国公约，"使门户开放主义之原则得到正确之解释及定义"，因而九国公约"系代表一稳进成熟之国际政策"。此后，九国公约又得到巴黎公约，即凯洛格、白里安公约的"有力后援，此两种公约系两个独立而协调之步骤"，其目的在于"舍弃武力专以公共和平的手段解决一切纠纷"。公开信提出两条约各关系国要"特别注意忠实遵守该约"，而使"各该签字国与其人民在华合法权利受到保护"①。史汀生公开信的主旨，是关心其对华门户开放政策不受中日战火影响，其在华权益不受损害。但公开信在强调1月7日美国"不承认主义"的照会时指出："如果其他各国与本国为同一决定，取同一之步骤，即可警告日本，即可使一切凭恃强权违背条约所攫取之权利，不能得合法之承认。"②这里有暗示日本在中国破坏了两个公约的意味，是与以前美国历次照会稍有不同之处。

1932年3月11日，国联大会总委员会第7次会议通过的决议案，说"凡用违反联合会盟约或巴黎公约之手段所缔造之任何局势、条约协定，联合会员均不能承认之"③。这就是说，美国的"不承认主义"在国联产生了一定影响。于是美国政府通过驻瑞士公使于3月12日

①［美］韦罗贝著：《中日纠纷与国联》，商务印书馆1937年版，第226—231页。
②［美］韦罗贝著：《中日纠纷与国联》，商务印书馆1937年版，第231页。
③［美］韦罗贝著：《中日纠纷与国联》，商务印书馆1937年版，第278页。

致函国联秘书长，表示完全赞成 3 月 11 日决议。从九一八事变发生到"不承认主义"的提出，直到史汀生的公开信，美国对日本只限于抗议、照会，而没有任何一点制止日本扩大侵略的实际行动。美国关心的只是其在华利益是否受到损害，而对被侵略的中国则没有任何援助和同情。美国的这种态度，事实上助长了日本帝国主义的侵略气焰。

美国政府的上述立场和态度，在美国舆论界虽也有一定市场，但在九一八事变发生后，大多数美国人和舆论界，对中国表示同情，指责日本的侵略行为。1931 年 9 月 21 日《纽约世界电闻》发表消息说："日本乘世界各国政治经济俱感困难、手足无措之时占领满洲，不但蹂躏凯洛格非战公约，连把保障中国安全的华盛顿九国公约亦视同废纸。"[①] 9 月 22 日《纽约晚报》指出："日本夺取沈阳，他们的凶残没有国际信义，全然不脱支配旧日本的野蛮酋长的特性。"[②] 11 月 5 日，美国一家报纸批评美国与国联对日软弱态度时指出："日本不惜违抗条约与公理，竟任其在满军队愈益深入。国联与我国务院立意纵善，而在外交上蹒跚不前，实属不甚适宜。及至今日，此种情形愈益明显，吾人当诚意希望日本将撤回军队，因此国联与美国俱未直接干涉，亦不援助被害之中国，以免激怒日本。""日军不唯不撤，反将其军队前锋扩张至沈阳百里以外，显然正谋永久之占领。其深入程度不仅威胁中国，且将威胁英俄，国际间之危机绝巨。

①《东北事件之国际舆论》，《东方杂志》第 29 卷第 1 号，第 17 页。
②《东北事件之国际舆论》，《东方杂志》第 29 卷第 1 号，第 18 页。

不知日本究将满案受中立国之调查与解决乎？抑宁为强盗以自绝于
世界耶？"①

二、英国的态度：迁就、姑息

英国经过产业革命后，资本主义迅速发展，到 19 世纪末成为世
界上最大的殖民帝国。自 1840 年鸦片战争以后英国殖民势力侵入中
国，迫使中国割地赔款，并逐渐形成其在长江流域的势力范围，在
中国拥有重大的政治、经济利益。英国的对华政策是保持在中国的
势力范围和贸易地位，并注意中国不能落入任何一个国家独立保护
之下。英国为扩张在远东的势力范围，在第一次世界大战前，曾与
日本结成同盟，以与俄德相对抗。

第一次世界大战后，日本在华势力日益扩大，英日之间在华利
益矛盾也有所加深。1922 年，华盛顿会议后，英国放弃了英日同
盟，转而支持和赞成美国提出的对华"门户开放，机会均等"政策，
企图以此抑制日本独霸中国的行动。但英国与日本在反苏、反对中
国民族解放运动等方面，又有共同的利害关系，曾与日本帝国主义
勾结镇压中国工人的罢工斗争。九一八事变发生后，出于在华利益
的考虑，英国对日本的行动不能不给予注意。但英美等国在中国东
北的势力，远不如在关内那样强大，加之九一八事变之初，日本侵
略范围还仅限于东北一隅，同时英美还幻想日军北上进攻苏联，故
对日本采取了袒护、纵容和妥协的政策。事变之初，正值国联行政

---

①《东北事件之国际舆论》，《东方杂志》第 29 卷第 1 号，第 18 页。

院开会，中国向国联行政院提出申诉后，英国便企图通过国联限制和约束日本。英国在国际联盟中实际处于盟主地位，因而国联的主张在很大程度上体现了英国的态度。在 1932 年 9 月 22 日的国联行政院特别会议上，英国代表西锡尔称：大臣雷丁向内阁报告说他已指示西锡尔完全同意国联决议，并希望让美国了解英国在国联的努力[①]。根据外交大臣的指示，西锡尔在国联会议上说：因中日争端不但引起国联盟约问题，并涉及巴黎公约与华盛顿九国公约。该两项公约，美国均为缔约国，故建议国联行政院将有关纠纷之文件会议记录送至美国政府，并希望美国对此事件采取适当之行动[②]。9 月 25 日，日本政府发表了一份颠倒黑白、掩盖事实真相的声明书，宣称竭力使事态不扩大，对满洲无领土欲望。声明书发表后，英国驻东京大使德莱马上对外务省的一个官员说：英国相信日本没有外援也能解决满洲问题，所以英国政府将不作任何建议，也不参加任何意见[③]。西锡尔在 9 月 25 日国联行政院的会议上也表示："根据日本方面的回答，事态已经缓和。当天他还在一封致友人的信中居然认为中国大大夸大了所发生的事情，对中国表示不满。"[④] 此时，因英国内阁正为关税、印度骚乱、裁军等问题所困扰，直到 11 月中旬未能开会讨论中日冲突问题。但英国政府仍通过各种方式和途径表达了其对中日冲突的态度。日军 10 月 8 日轰炸锦州后，英首相麦克唐

---

①徐蓝著：《英国与中日战争》，北京师范学院出版社 1991 年版，第 33 页。

②[美]韦罗贝著：《中日纠纷与国联》，商务印书馆 1937 年版，第 46 页。

③[苏]赛沃斯奇雅诺夫著：《美国在远东战争策源地形成中的积极作用》，世界知识出版社 1957 年版，第 33 页。

④徐蓝著：《英国与中日战争》，北京师范学院出版社 1991 年版，第 33 页。

纳于 10 月 9 日指示外交大臣雷丁：英国必须在国联行政院制定政策方面起领导作用；雷丁也指示英驻东京大使向日本政府强调使事态得到缓和的必要性，并提请日本注意英国在京奉路线上的巨大财政利益 ①。英国虽向国联提议邀请美国派代表参加行政院会议，但又怕得罪日本。因此，在 10 月 13 日的行政院会议上，英国代表雷丁向日本保证说：邀请美国代表参加会议并"不是要美国作为国联一个成员，只是为了同行政院进行口头联络和通知他的政府的目的而坐在这里"。雷丁呼吁行政院在中日两国代表协助下，"运用一切可能的和平手段去阻止可能很快变成战争行动的敌对行动"的同时，却对中国代表施肇基施加压力，阻止中国要求制裁日本。英国外交部远东司的一位官员普拉特要求中国代表施肇基"放弃一切使用武力的打算，纯靠诉诸理性来解决问题"。他还认为，"中国政府应该考虑他们如何最好地使日本政府不失面子的情况下易于撤退他们的军队" ②。由于美英两国的态度和国联迁就姑息的立场，使日本政府更加无所顾忌地扩大侵略，并于 10 月 26 日发表了态度强硬的满洲事变第二次声明，要求中国尊重日本在满的条约及权益。英国对于日本扩大侵略行动的强硬态度不仅不予谴责，反而给予同情。

英国驻东京大使在 10 月 30 日致电雷丁竟称："当前的危机是由于中国人故意采取破坏这些权益和尽其所能地用一切办法鼓励反日情绪的政策造成的。""当日本人相信他们至关重要的利益受到

---

① 徐蓝著：《英国与中日战争》，北京师范学院出版社 1991 年版，第 33 页。
② 徐蓝著：《英国与中日战争》，北京师范学院出版社 1991 年版，第 34 页。

连累时，他们就失去了理智，而且只要暗示一下压力，则非但不能使他们更理智，反而使他们激怒起来。"普拉特还声言，不可让中国人有"国联将扮演警察的角色并为了中国人的利益把日本驱出满洲"的错觉，同时应让日本人了解"我们同日本的传统友谊和对日本的钦佩仍然是我们远东政策的主要动力之一……日本应当了解，从日本的灾难中，英国不能获得任何利益，而日本的繁荣却是英国政策的目标之一"①。

11 月 11 日，英国内阁会议再次讨论中日冲突问题。内阁一面认为"应当维护国联"，但同时又担心刺激日本，所以确定"只应当是调解，避免暗示威胁"的政策，并将这一政策作为新任外交大臣西蒙出席下一次国联行政院会议的行动方针②，极力阻挠中国向国联提出制裁日本的要求。当日军占领锦州后，美国曾希望与英国同时对日本和中国发出"不承认主义"的照会，但遭到英国外交部远东司的反对。美国的"不承认主义"照会单独发表后，英国不仅未给予支持、合作，而且再一次迁就、纵容了日本。美国的"不承认主义"照会涉及九国公约中的外国在华权益和中国主权问题，而实际上由于日军大举入侵中国东北，中国主权已受侵害，而英国外交部远东司顾问麦基洛普却认为："如果没有证据证明日本打算不尊重国际公约、不尊重中国主权和门户开放的原则，就不应对日本提出警告。"麦基洛普甚至认为，由于美国的"不承认主义"照会，

①徐蓝著：《英国与中日战争》，北京师范学院出版社 1991 年版，第 35 页。
②徐蓝著：《英国与中日战争》，北京师范学院出版社 1991 年版，第 35 页。

"把日本人对外国人的愤怒的沉重压力从英国肩上移到美国人肩上，这使英国感到高兴"①。1932 年 1 月 9 日，英国对新闻界发表公报，内称：自满洲事变以来，日本已于 1931 年 10 月 13 日、12 月 28 日两次声明遵守门户开放政策并欢迎各国对各项事业的参加与合作，所以英国政府认为"没有向日本政府发出与美国照会相对的任何正式照会的必要，但要求日本大使从他的政府那里得到对这种保证的确认"②。1 月 10 日，英国政府正式发表了这个公报，1 月 11 日，又以备忘录形式交给美国国务院，这表明英国政府正式拒绝了史汀生照会中的要求。史汀生的照会虽然体现了不惜牺牲中国主权来维护其门户开放政策和在华利益的思想，但总还含有一点谴责日本破坏两个公约的味道。英国政府的声明，不仅对保持中国的主权、独立和完整一字未提，反而对日本的侵略行动进行掩饰和辩解，其实质是准备用牺牲中国东北的方法换取对日本的妥协，这种做法不啻是为虎作伥。英国在史汀生"不承认主义"照会问题上不与美国合作，使日本解除了美英联合反对日本的顾忌，因而更加无所顾忌地扩大侵略战争。

英国舆论界对九一八事变的态度反应不一，有的倾向同情中国。《孟彻斯导报》于 1931 年 10 月 9 日发表消息说："日军部的侵占满洲乃是一种经过细心计划的行动。日代表谓'地方事件'真是荒谬之谈。"该报还对国联能不能制止东亚方面的战争提出疑问，认

①徐蓝著：《英国与中日战争》，北京师范学院出版社 1991 年版，第 37 页。
②徐蓝著：《英国与中日战争》，北京师范学院出版社 1991 年版，第 38 页。

为"万一不能，则国联这个机关将失信用了"。11 月 16 日及 24 日，这家报纸又发表文章指出："日本暴行已为清议所不容，而保守党机关报反欲与之辩护"，又说："锦州如果失守，其情形尤为重大，盖以东省将全归日本掌握。"① 但由于受英国政府态度的影响，保守党的机关报《泰晤士报》在九一八事变之初即为日本侵略行为进行辩护。9 月 20 日，《泰晤士报》发表评论认为：日军所以发动武力进攻是因"日人忍受迭次攻击，极为忍耐，中国国民党政治家与宣传人士，不承认日本在满洲之重要利益，以及中日合作有重大利益促成一种不安现象"所引起的。11 月 2 日，该报又发表文章表示对日本在南满之建设予以"同情与钦羡"，承认日本在"满洲所有之重要利益"。文章还歪曲华人有"妨碍日人合法事业之行为"和"苛待朝鲜农人"的行为。又说，中国东北"自造铁路与南满路成平行线，致违反中日条约之精神以及其他挑衅事件"② 。当英国政府拒绝与美国史汀生的"不承认主义"合作后，《泰晤士报》马上又发表一篇污蔑中国、袒护日本的社论。社论说："英国政府拒绝向中日两政府发表符合史汀生照会精神的宣言，这是聪明的行为。"③ 社论声称："捍卫中国的行政完整，在那个完整仅仅是一种理想的时候，似乎不是（英）外交部当前的任务。中国的行政完整在 1922 年不曾存在，今天也不存在。自九国公约签字以来中国的中央政府没有一

---

① 《东北事件之国际舆论》，《东方杂志》第 29 卷第 1 号，第 19 页。

② 《东北事件之国际舆论》，《东方杂志》第 29 卷第 1 号，第 19 页。

③ [苏] 赛沃斯奇雅诺夫著：《美国在远东战争策源地形成中的积极作用》，世界知识出版社 1957 年版，第 47 页。

个时期对它的巨大领土的过大的不同地区实行过任何真正的管理权威……尽管它对满洲的主权无可争议，但自南京成为中国首都以来没有任何迹象表明它在那儿行使了任何真正的管理。"[1]英国《泰晤士报》上述种种极为露骨地为日本帝国主义侵略者进行辩护、仇视中国人民的言论，在当时世界各国舆论中也是少见的。

三、法国的态度：观望、纵容

法国是当时世界上主要的资本主义国家，也是国际联盟主要成员，是常任理事国之一。法国外长白里安是非战公约即凯洛格公约的发起人，曾一度在国联担任行政院主席，是国联活动重要决策人。他与英国驻国联代表西锡尔，对国联处理九一八事变问题具有决定性的影响。法国政府"对于处理中日纠纷""行动上同英国一样迟缓""观望徘徊"。白里安在国联以行政院主席之职、年迈多病之身，"折冲于坫坛之间"，但其"忽而袒中，忽而袒日；法国各报纸的忽而主持正论，忽而谬论百出""使人惊迷不定，啼笑皆非"，这是由其在亚洲、在中国的利害关系决定的。法国在中国获得的"权益"，主要在华南地区。九一八事变后，法国在中国、"在亚洲的利害并不与日本冲突"，日本侵占中国东北对其在华利益影响不大，所以"法国舆论有意为日本张目"[2]"法国的一些官员和资产阶级报纸竟吹捧日本是亚洲的好警察"[3]。一家报纸发表诬蔑中国的文章说："中国

---

①徐蓝著：《英国与中日战争》，北京师范学院出版社 1991 年版，第 38 页。
②《列强对满洲事变态度解剖》，《国闻周报》第 9 卷第 37 期，第 1、8、9 页。
③方连庆著：《现代国际关系史》，北京大学出版社 1990 年版，第 223 页。

加入国联乃根本错误，因中国未有切实勘察的手段之边界，切不能实行其国家之义务。"①法国不想因发生九一八事变而改变与日本维持多年、彼此了解、同情的友好关系。这是其对于九一八事变采取观望、徘徊乃至纵容日本侵略态度的根本原因。同时，法国作为西方资本主义国家之一，在反对苏联的立场上与英美等国家是一致的。法国与英美等国家都期望日本在发动九一八事变之后北上进攻苏联，因而采取纵容的态度。后来，直到日本侵略战争的不断扩张，日本的行动可能危及西方资本主义国家利益时，法国对日本纵容、妥协的消极态度才稍有改变。

法国民众和法国一些报刊对日本发动九一八事变的阴谋目的进行了一些揭露和批评，对国联处理九一八事变的活动也有评论，表现出一定程度的客观、公正立场。法国《人道报》于1931年9月20日撰文指出："日本的军国主义巧于利用中村大尉事件而出此行动，其实日本乃欲在满洲确立其势力以挫俄国的势力。这就是法国反共产党新闻的大多数偏向日本的原因。"②《巴黎晨报》于1931年11月间两次发表文章批评国联在处理中日事件时软弱无能。该报说："法人舆论不一，竟有认为日本在盗匪遍地之地方为法律与秩序之保障者，有谓中国弱国乞求国联者。唯无论如何国联自己威信刻刻在摇摇不定之秋，中国虽信任国联，日本则对于国联之用处不能无疑。"该报又说："国联理事会不限令日本撤兵，而派遣调查委员

①《东北事件之国际舆论》，《东方杂志》第29卷第1号，第20页。
②《东北事件之国际舆论》，《东方杂志》第29卷第1号，第19页。

团决议。南斯拉夫、波兰与西班牙代表反对之，盖恐将不认弱小国家遇同样事件时有要求外兵撤回之权利也。因此三国代表曾一致要求在决议案中插入一句，声明该决议在欧洲不能成为先例。"[1] 法国民众和一些社会团体有的召集会议，反对日本侵略行为，有的致电国联行政院主席白里安敦请主持公道。法国总工会、教职员联合会、保障人权会、工人生活联合会、妇女选举运动会等 10 余社会团体于1931 年 11 月 23 日在巴黎召开联席会议，通过致白里安之决议案，"要求国联对于中日纠纷主张公道，至不得已时应用国联公约第 15 条以惩罚日本。换而言之，即用经济绝交、武力制裁亦所不惜"[2]。

四、苏联的态度：精神、道义上的同情以及不干涉主义

苏联作为当时世界上唯一的社会主义国家，又与中国东北隔江相望，九一八事变爆发在苏联国内引起很大震动，因为日本帝国主义侵略中国东北的行动与苏联奉行的和平政策和自身利害都有直接关系。十月革命前的俄国与日本是争夺中国东北的两个重要角色，他们都想排除其他帝国主义势力而独霸东北。日俄两国在东北的势力此消彼长，斗争激烈。经过 1905 年日俄战争之后，俄国在南满辽东的势力为日本所攫取，只有中东铁路干线仍在俄国把持之下。十月革命后，1919 年 7 月 26 日，苏联发表第一次对华宣言，声明愿将中国东部铁路及租让之一切矿产、森林等无条件归还中国，不索

---

①《东北事件之国际舆论》，《东方杂志》第 29 卷第 1 号，第 20 页。
②《国联处理中日纠纷经过》，《国联周报》第 9 卷第 17 期附录，第 5 页。此处原文有误，按国联盟约规定，使用惩罚手段，如经济制裁等原则，应是第 16 条。

赔偿。但是当时中国北洋军阀政府不承认新生的苏维埃政府，坚持不与之谈判。同时，1922 年 11 月 6 日，苏联政府特使越飞又照会中国政府宣布中东路权益是苏联之产业，从而否定了第一次对华宣言中的诺言。1924 年 5 月，中苏两国签订《中俄解决悬案大纲协定》，中苏间建立了大使级外交关系，并使中东路为中苏共管的商业性质铁路。1929 年中东路事件之后，苏联政府于 7 月 18 日宣布与中国断绝外交关系，后来虽然于是年 12 月中苏间签订了《伯力会议议定书》，使中东路恢复了冲突前的状态，但中苏间的外交关系直到九一八事变发生时还没有恢复。九一八事变不仅使苏联在中东路的权益受到直接威胁，而且使苏联更担心日本会北上进犯苏联。上述这些背景，决定了苏联对九一八事变所采取的立场和态度。

十月革命胜利后，苏联宣布支持被压迫人民与被压迫民族的国际主义外交原则，奉行和平政策。九一八事变一发生，苏联即谴责日本对中国的侵略。1931 年 9 月 19 日晚，苏联副外交人民委员加拉罕召见日本驻苏大使广田，表示对事态的严重不安，要求日本政府作出解释。9 月 21 日，苏联《消息报》发表评论称："日军占据满洲，并未引起国联大会或华盛顿方面丝毫抗议的形式，苏联对今后远东战争危机新舞台之发展，将予以密切观察。帝国主义者为掩藏其侵略政策计，或将采取反俄挑战之威胁。"《真理报》发表文章说："发起非战条约各国对日本帝国主义之举动，无只字反对，故对于自身之工作，不啻自唾其面。国联为和平工具之价值何在，以及非战条约为新战争之保障如何，今已使全世界得一明白的警告矣。"①9 月 22 日，苏联外交人民委员李维诺夫又约见广田，对事态扩大表示关切，并希望日方政府尽快作出解释。9 月 23 日，因讨论中东路问题参加莫斯科会议的中方全权代表莫德惠约见加拉罕，询问苏联政府对九一八事变的看法。加拉罕称"日军在东三省行动之扩大，实出苏联意料之外，苏联对于中国甚表同情，认为此事关系重大，于远东现在的局势，有重大戒备心"②。9 月 25 日，李维诺夫与日本驻苏大使广田会面。李维诺夫说："苏俄政府反对日本沿中东路再进，并请转达日政府。苏俄政府认为沿中东之侵略的军事行动，为无故的且不必要的。"③同一天，《真理报》发表题为《对满洲的军事占领》的社论，深刻揭露了日本帝国主义发动事变的原因，指出："日本帝国主义已处于无法解决的内外矛盾的困境之中""企图从内外矛盾重重的困境中摆脱出来的一种尝试""对于满洲的军事占领，对于日本军的倒行逆施，对于侵犯中国人民权利的行径应负责任的是日本统治集团。"④9 月 28 日，苏联《真理报》《消息报》分别发表文章称："日政府已明白表示其吞并满洲之意""中日争执现已迅速成为一最重要之冲突，含有国际政治意味，满洲发生之事件，除谓为确切的战争外不能以任何其他名词。苏俄公众爱好和平、反对一切帝国主义者对弱国实行强暴。"《消息报》还批评国联在国联会员国领土为另一会员国占领时，"国联机关当局实际竟拥护

---

① 《辽吉被占纪实》，《国闻周报》第 8 卷第 38 期，第 20 页。
② 《东北日祸反响录》，《国闻周报》第 8 卷第 39 期，第 9 页。
③ 《东北日祸反响录》，《国闻周报》第 8 卷第 39 期，第 9 页。
④ 安徽大学苏联问题研究所、四川省中共党史研究会编译：《苏联真理报有关中国革命的文献资料选编》（第 2 辑），四川省社会科学院出版社 1986 年版，第 330 页。

强国的有力方面"①。10 月 5 日，李维诺夫与日大使广田谈话称："满洲的斗争仍在将来，迄今所有举动仅系发端。"《消息报》说："日本帝国主义已将满洲与中国本部分开，准备施以与朝鲜同样之命运。"②10 月 19 日，加拉罕对记者说："苏联所奉行主义，根本与国际侵略行为相水火，决不与帝国主义协谋以图他国。期望中国从速自行制止日本在满蒙阴谋。"③10 月中旬，日军北上，以嫩江桥为起点，进犯黑龙江省，这时苏联各大报发表社论、评论和署名文章，揭露日本帝国主义扩大侵略的行为和国际帝国主义之间的矛盾和斗争。10 月 28 日，《真理报》上发表的一篇文章指出："国联按帝国主义方式来调解满洲问题的做法并未缓和，而是加剧了以英法日帝国主义集团为一方，以美帝国主义为另一方的矛盾。"文章还批评南京国民政府"为了对付中国的工人和农民竟动用了三十万军队。当外国军队入侵满洲的中国土地时，国民党仅向英法操纵的国联提出卑躬屈膝的哀求"④。10 月 29 日，《真理报》撰文说："若槻向美新闻记者谈话，指满洲事件由于中国对日侵略结果所激起并苦诉中国之对日经济抵制，其意企图捏饰时局，一若中国为占领满洲之造端者。全世界劳动者皆目击日本帝国主义毫无廉耻之心，劫掠中国。"《真理报》的另一篇文章指出："国联理事会实际不能解除东省事件的纠纷，因各帝国主义国家居于互相冲突地位，日本准备

①《东北日祸反响录》，《国闻周报》第 8 卷第 39 期，第 9、10 页。
②《一周国内外大事述评》，《国闻周报》第 8 卷第 40 期，第 11 页。
③《国联权威之实验》，《国闻周报》第 8 卷第 42 期，第 15 页。
④安徽大学苏联问题研究所、四川省中共党史研究会编译：《苏联真理报有关中国革命的文献资料选编》（第 2 辑），四川省社会科学院出版社 1986 年版，第 353 页。

独吞中国北部，而得法人之默助。法人欲得用日本以制美。美国与英国虽不反对奴隶与劫掠中国之政策，但极反对日本之独占大份，所以各帝国主义国家将互相掣肘，俟有一方让步而后已。"[1] 此后，随着日军不断扩大侵略范围，苏联各报刊也不断揭露日本帝国主义的阴谋。1933 年 1 月，日军占领山海关后，《真理报》于 6 日发表文章说："日本帝国主义正在准备夺取热河和华北，准备工作非常细致认真。"文章指出：攻占山海关"为今后无论华北还是热河的军事行动夺取重要的作战基地"，也是"试探国民党中央执行委员会关于强烈抵抗日本侵略华北的决议究竟有多大的实际意义"[2]。上述种种事实，可以看出苏联政府、舆论界及广大民众对被侵略的中国人民是关切和同情的，同时也比较尖锐地批评了国联的无能以及国际帝国主义之间对日本实行包庇、纵容的错误政策。

苏联对九一八事变的态度，除在精神、道义上同情中国的一面以外，还有另一面就是严守不干涉主义。还是在事变之初，苏联就宣布"决不采取任何办法或步骤，使现在情形更演成较为困难之状况"[3]。1931 年 10 月中旬，马占山江桥抗战时，苏联各报发表文章批评日本扩大侵略。日本怀疑苏联援助马占山。10 月 28 日，由驻俄大使广田交一觉书与加拉罕。29 日，苏联副外交人民委员发表声明，"力称对于满洲冲突采取不干涉主义"，又说"其所以坚持不干涉

<hr />

① 《东北事件之国际舆论》，《东方杂志》第 29 卷第 1 号，第 22 页。
② 安徽大学苏联问题研究所、四川省中共党史研究会编译：《苏联真理报有关中国革命的文献资料选编》（第 2 辑），四川省社会科学院出版社 1986 年版，第 406 页。
③ 《东北日祸反响录》，《国闻周报》第 8 卷第 39 期，第 9 页。

主义，乃纯因尊重其曾与中国签订之国际条约，乃纯因尊重他国之主权与独立，乃纯因坚信武力占领之政策与苏联之和平之政策及世界和平不相融洽故"。11月14日，加拉罕又致觉书与日本大使广田说：苏联之采取严格的不干涉政策乃起自不可更改历来之和平政策，乃尊重对华条约与他国独立之信念①。这就是说，一方面苏联表示尊重同中国缔结的条约，尊重其他国家的主权与独立；另一方面又宣布对中日冲突采取严格不干涉政策，对日态度十分谨慎。

基于这种情况，苏联既重视改善中苏关系，也主动与日本缔结互不侵犯条约。先是中国代表莫德惠出席中苏谈判莫斯科会议时，即以个人非正式地向加拉罕提出恢复中苏关系，加拉罕则希望中国正式提议中苏复交，这表明苏联是希望改善中苏关系的。但其时南京国民政府正幻想依靠国联的干预可以解决中日冲突，对于加拉罕的希望未加重视，没有正式提出恢复中苏外交关系。1931年12月末，日本出席国联代表芳泽归国途经莫斯科时，李维诺夫向芳泽重新提出缔结日苏互不侵犯条约，日本对此提议也很冷淡。1932年2月，日军占领哈尔滨，直接威胁中东路，违背了日本对苏联不妨碍中东路交通和损及其利益的许诺。但苏联为了坚持不干涉主义，也尽量予以容忍，尽量避免苏日之间的冲突。对东北人民的抗日行动也采取谨慎、小心的态度。7月5日，由上海到海参崴的轮船中有中国青年王子耀、吴焕章等6人乘坐。他们原意是想假道海参崴到吉黑参加东北抗日。这些青年不取道南满路到达北满而绕道苏联，苏方

---

① 《列强对满洲事变态度解剖》，《国闻周报》第9卷第37期，第9页。

怀疑他们是侦探，故将他们拘留审查。待弄清情况后，由苏方将他们又送回上海，不允许由苏直接去吉黑。当时负责其事的苏联军官说："在海参崴的日本人多半负责侦察的任务，对苏联和东北的关系，他们是每天都在设法侦察和制造空气。"又说，"中俄是两个伟大的民族，在历史上、在地理上，早应该真诚地携起手来，可惜到现在连普通的国交还没有恢复""我们只是努力于自己建设，关于中日的问题，就目下说，原是站在同样的关系上，我们只有中立，中国事情只有自己努力了。"在交谈中涉及"如果日本在东北再进一步损害到苏联的权益，苏联的态度又该怎样时，苏军官说：在最近的几年里或不至于发生这样不幸的事件"①。上述苏联军官的个人议论也可以看出官方的立场，其基本点是避免日本的怀疑和引起冲突。1932 年和 1933 年初，东北抗日义勇军马占山、苏炳文、李杜等部因对日作战失利越界入苏。苏联一方面拒绝日本"引渡"东北抗日义勇军的要求；另一方面又将东北抗日义勇军部队缴械，使主要将领取道欧洲返国，将东北抗日义勇军战士遣送新疆。这同样体现了苏联既维护中国抗日部队的生命安全但又不刺激日本的所谓不干涉主义和中立政策。

为什么苏联会形成不干涉政策？这是由当时的历史条件决定的。九一八事变后，西方资本主义国家都怂恿日本把侵略矛头指向苏联，因而苏联必须"保持谨慎态度，不让那些惯于从中渔利的战争挑拨

①惜梦：《海参崴拘留记》，天津《大公报》，1932 年 9 月 3 日、9 月 6 日。

者把我们卷入冲突中去"①。当时中国报刊评论苏联这种态度时说："苏俄自一九一七年革命以来，现在政治上走上轨道，第一个五年计划虽云成功，第二个五年计划方在开始，苏俄的经济基础未臻巩固。日本在北满军事准备虽然咄咄逼人，仍然极端容忍，严守中立，准备着未来的大战争。"②后来由于国联解决中日纠纷软弱无力，日本对于苏联的缔结互不侵犯条约冷淡的态度，加之日本在北满的军事行动直接危害中东路利益，并在哈尔滨大捕俄人，苏联才大力加强远东防务，重视改善中苏关系。到 1932 年 12 月 12 日中苏双方达成了恢复外交关系协议，正式恢复两国外交关系。但即使中苏两国复交，苏联的中立政策、不干涉主义在很长一段时间内并没有改变。

五、其他国家的态度

世界其他各国政府及民众，"以环境异殊的关系，对于政治经济的主张，有赞成帝国主义者，有反对帝国主义者。有爱好和平者，有好战争者，有言公理者，有讲强权者，不而一足"③。在九一八事变发生后，世界各国的反应的确各不相同。"各国大部分民众除与中日纠纷有直接利害关系者外，差不多都能主张公道。"④德国《柏林日报》1931 年 9 月 19 日撰文说："日本军阀势力的强大总是远东和平的威胁。"《前进报》9 月 20 日指出："日本之强盗行为适

①《斯大林文选（1934—1952）》，人民出版社 1962 年版，第 220 页。
②《列强对满洲事变态度解剖》，《国闻周报》第 9 卷第 37 期，第 10 页。
③《国闻周报》第 9 卷第 17 期附录，第 5 页。
④《国闻周报》第 9 卷第 17 期附录，第 5 页。

于国联开会时发生，且中日两国同属国联会员，又签字于非战公约，可见世界乃有强权而无公德，国联之无力可见一斑。"《福锡志报》11月17日发表文章说："大半理事会今已切实袒日，其袒日程度正与以前在日内瓦时反日之程度不相上下。至变更态度原因，一由景象之转移，二由各大国政府已有回省时间，深觉日本在明年军缩大会内居于重要地位，各国必不可招怨于日本。"① 意大利的《台勃兰报》9月11日指出："此次事件虽发端于中村事件，但实由于日本在满洲有铁路及其复杂的利权所致。美国以此次未尝侵犯非战公约，则非战公约实为无用之物。此事件正是战争行为了。"② 还有一些小国，如危地马拉、秘鲁、巴拿马、波兰等，他们是国联会员国，在国联召开讨论有关中日问题的会议上，目睹国联对日本的偏袒和软弱无能，他们认为国联行政院"未以确定词句谴责满洲发生事件，又未尽力矫正已成之情势""诚恐此事不取更有力而积极的行动，将认行政院核准借口自卫之军事手段，将来各国无充分自卫之兵力抗强邻之侵略及强暴办法者，必有害其安全"③。

但也有一些国家对于中日两国由来已久的矛盾和冲突是侵略与被侵略的实质不够了解。他们认为"日本以政治及经济伟力使世界公认最为有组织国家之一""所以当中日纠纷发生之初，列强朝野之士思想右倾重感情计利害者，以为日本乃秩序之天神""故远东之和平及繁盛计，应将中国交与日本统治，而保全门户开放的主

---

① 《东北事件之国际舆论》，《东方杂志》第29卷第1号，第20、21页。
② 《东北事件之国际舆论》，《东方杂志》第29卷第1号，第21页。
③ ［美］韦罗贝著：《中日纠纷与国联》，商务印书馆1937年版，第169页。

义"①。在九一八事变发生时的中国，由于"国民政府定都南京以来频年内战，建设无由"，其影响所及，"自然增加外人轻视的心理"②，致使一些国家观念糊涂，混淆是非。加拿大《门德里尔日日星报》1931年9月21日说："近来不负责任的中国人在满铁沿线屡对日本当局做使日不快的行动。这是周知的事实，有充分的证据。这是此次事件勃发的近因。日本之所欲只有确保为条约上所给予权利的满铁。如此项权利为人尊重，则对于中国别无领土的野心。"③

①《国闻周报》第9卷第17期附录，第3页。
②《国闻周报》第9卷第17期附录，第3页。
③《东北事件之国际舆论》，《东方杂志》第29卷第1号，第19页。

第八章

关于九一八事变后"中国抗战第一枪"问题研究的基本视角

2014 年 9 月 3 日，在纪念中国人民抗日战争暨世界反法西斯战争胜利 69 周年座谈会上的讲话中，习近平指出："日本军国主义的野蛮侵略，激起中国人民的奋勇抵抗。九一八事变成为中国人民抗日战争的起点，并揭开了世界反法西斯战争的序幕。"① 长期以来，关于九一八事变后"中国抗战第一枪"问题，在史学界存在多种说法，较具影响和代表性的主要有 3 种：一是 1931 年 9 月 18 日东北军独立第 7 旅（全称为国民革命军陆军独立步兵第 7 旅）第 620 团团长王铁汉率领爱国官兵在日军进攻北大营时进行了有效抵抗，打响了中国抗战第一枪②；二是 1931 年 9 月 19 日辽宁省警务处长兼沈阳市公安局长黄显声率领辽沈警察在沈阳城内与日军进行战斗，打响了中国抗战第一枪③；三是 1931 年 11 月 4 日黑龙江省政府代理主席兼军事总指挥马占山率领爱国官兵奋起抵抗日本侵略的江桥抗战，

①习近平：《在纪念中国人民抗日战争暨世界反法西斯战争胜利 69 周年座谈会上的讲话》，《人民日报》，2014 年 9 月 4 日。

②陈醒哲著：《王铁汉将军传：打响抗战第一枪的爱国将领》，团结出版社 2011 年版；《寻访抗战故地①：北大营打响抗战第一枪》，人民网—《人民日报》海外版，2015 年 4 月 15 日；《九一八事变的 8 个历史真相：打响抗日第一枪的是谁》，网络"趣历史"，2015 年 9 月 18 日；《辽沈晚报》，2017 年 1 月 11 日第 16 版；《"九一八事变"当天，此人打响了抗日第一枪，击毙了日寇伍长》，网络"大虎论史事"，2018 年 9 月 22 日；刘勇：《"九一八"打响抗战第一枪》，《光明日报》，2020 年 7 月 20 日第一版。

③胡卓然、赵云峰著：《魂兮归来：不该忘记的十四年东北抗战》，山东画报出版社 2012 年版；《抗战中的辽沈警察：9·18 之夜在沈阳打巷战》，华夏经纬网，2015 年 9 月 29 日；陈凤军：《再现沈阳城打响抗战第一枪的故事》，《沈阳日报》，2018 年 5 月 11 日。

打响了中国抗战第一枪①。此外，还有 1932 年 1 月中国共产党直接领导的辽宁抗日义勇军在大虎山 32 孔桥打响武装抗战第一枪、1933 年 3 月的长城抗战打响抗战第一枪、1937 年 7 月 7 日卢沟桥事变中国军队打响抗战第一枪等说法。

全面梳理关于"中国抗战第一枪"的说法，概括地说，大部分是从字面上进行理解、分析，以人物和时间为基准，即谁、在什么时间最先打响了中国抗战枪声。笔者认为，研究历史问题不能简单、笼统地从一个或几个方面去认定某一论点和命题，而应客观地、全面地、系统地去分析事件发生的历史条件和发起事件的主体。从战略基点出发，以宏观视角审视，系统梳理资料，才能科学认知和把握"中国抗战第一枪"问题。从科学治史原则和方法出发，统揽、审视中国抗战大局，突出中国抗战实现民族复兴的重大意义，是研究"中国抗战第一枪"问题应采取的基本视角。由此，笔者的结论为：九一八事变之后，东北抗日义勇军打响了"中国抗战第一枪"；打响抗战枪声是中华民族救亡图存意识的新觉醒，是中华民族整体意志的集中体现，是中华民族实现民族解放的伟大壮举。

关于研究"中国抗战第一枪"问题应采取的基本视角，具体说来，主要应该包括三方面内容：

---

①张港著：《抗日第一枪：马占山和江桥抗战》，中国青年出版社 2012 年版；郑学富：《江桥抗战："九一八"后抗日第一枪》，《海南日报》，2017 年 1 月 16 日；《打响武装抗日第一枪的他，后来当了汉奸》，网络"小清说史"，2017 年 12 月 30 日；《1931 年，他打响中国 14 年抗战第一枪，请记住这个抗日英雄》，网络"史海泛舟谈历史"，2018 年 12 月 17 日。

一、从科学治史原则和方法出发，摒弃地域之争的孔见

研究历史问题以空间为基础、从地域出发是一个基本思路和方法。但一段时期以来，受某些利益因素影响，有的学者认为某些历史资源是某地的，于是有意无意形成了观点上的地域之争：这个事件、这个人物是我们地区的，我们就光荣，并不顾客观实际随意进行拔高、美化；不是我们地区的就忽略、贬低，甚至戴上"有色眼镜"不予承认，忽视或无视科学治史原则和方法……于是提出的观点带有一定的地域狭隘色彩。

通过考察和梳理，从一定程度上说，关于"中国抗战第一枪"问题的诸多说法特别是一些颇具影响和代表性的说法，或多或少带有地域色彩，或是突出了地域性。与之同时存在的状况是，某些说法不免在科学性、严谨性上有所欠缺。

以前文列举的关于"中国抗战第一枪"问题第一种代表性说法（以下简称"王铁汉说"）为例，我们在这里进行一定分析。这种说法多为辽沈地区学者提出，主要源自王铁汉的《不抵抗之抵抗——沈阳北大营守军团长关于"九一八"的回忆》[①]一文，然而，认真推敲，未必科学。

---

①王铁汉：《不抵抗之抵抗——沈阳北大营守军团长关于"九一八"的回忆》，李云汉编：《九一八事变史料》，正中书局 1976 年 9 月印行，第 282—288 页；孙邦主编：《"九·一八"事变》，吉林人民出版社 1993 年版，第 292—299 页（摘自台湾《传记文学》第四卷第一期）。

其一，王铁汉回忆说：九一八事变爆发当时，"我正在团部"①。而据时任东北军独立第 7 旅参谋长赵镇藩（1931 年 9 月 18 日晚在北大营住宿）回忆："旅长王以哲经常不在军中，日军进攻北大营了还不回旅指挥；团长张士贤当晚也回家未归；另一个团长王铁汉炮响起来了才临时赶回军中……"②另据时任东北军独立第 7 旅第 620 团第 3 营第 9 连连长姜明文（1931 年 9 月 18 日是营值星官）回忆："当半夜 11 点多钟时，团长王铁汉（现在台湾）由家骑马绕道来到团部……这时，我正在团部。"③由此可见，王铁汉自己的说法只是孤证，而其他两人的说法可以相互认证，值得采纳。也就是说，九一八事变爆发之时，王铁汉并未在北大营内，而是后来赶回去的。将自己"不在营内"说成"正在团部"，这样一个回忆资料中的前提条件都不准确（甚至说完全相反），就在一定程度上影响了"王铁汉说"的可信度。

其二，关于王铁汉回忆的日本兵力情况问题。王铁汉回忆说："19 日凌晨 1 时 40 分钟，日军步兵 200 余，并有跟进的部队，逐次向本团接近……正在准备撤退的时候，敌人步兵 400 余，已向本团

①王铁汉：《不抵抗之抵抗——沈阳北大营守军团长关于"九一八"的回忆》，李云汉编：《九一八事变史料》，正中书局 1976 年 9 月印行，第 284 页；孙邦主编：《"九·一八"事变》，吉林人民出版社 1993 年版，第 294 页（摘自台湾《传记文学》第四卷第一期）。

②赵镇藩：《日军进攻沈阳北大营纪实》，孙邦主编：《"九·一八"事变》，吉林人民出版社 1993 年版，第 266 页。

③姜明文：《"九·一八"事变亲历记》，孙邦主编：《"九·一八"事变》，吉林人民出版社 1993 年版，第 288 页。

第二营开始攻击，我即下令还击，毙伤敌人40余名。"① 在当时混乱、仓促，情况不明之时，怎么能够知道敌人先是"200余"，后是"400余"；并且还能统计出来"毙伤敌人40余名"？据有关资料记载："日本守备队第二大队第三中队长、大尉川岛率领的105名日军直扑北大营，9月18日夜11时到达北大营西北角""约夜11时50分，日军守备队第二大队长、中佐长岛率第一、第四中队从沈阳站乘火车到达柳条湖附近，配合第三中队从北、西、南面向北大营内攻击，炮火异常猛烈。第四中队集中主力攻击居于北大营北侧的第六二〇团；第一中队从正门卫兵室突破，向旅部和直属连队实行攻击。"②由此分析，九一八事变爆发之时，攻击王铁汉第620团的日军是一个中队的兵力，应在100人左右。王铁汉的说法依据何来，不得而知。若是进行分析，多数学者一定会形成这样的认识：王铁汉后来的回忆，有些内容是为了增加可信度而加上去的。虽然兵力情况是战斗（战役）的关键和核心问题之一，但是当时不清楚事后就不必说，没有必要再进行补充，免有画蛇添足之嫌。从关键和核心问题都没有搞准确这一点来看，我们只能认为"王铁汉说"的依据其可信度值得商榷。

---

① 王铁汉：《不抵抗之抵抗——沈阳北大营守军团长关于"九一八"的回忆》，李云汉编：《九一八事变史料》，正中书局1976年9月印行，第284、285页；孙邦主编：《"九·一八"事变》，吉林人民出版社1993年版，第294、295页（摘自台湾《传记文学》第四卷第一期）。

② 《东北抗日联军史》编写组著：《东北抗日联军史》（上册），中共党史出版社2015年版，第40、41页；萧一平、郭德宏主编：《中国抗日战争全史》（上篇·1931年9月～1937年6月），四川出版集团、四川人民出版社2005年版，第79页。

其三，阐释"王铁汉说"的文章严谨性不足。阐释"王铁汉说"的报刊和网络文章较多，经过梳理，这些文章以发表于某刊 2009 年第 1 期的《东北军在沈阳北大营打响了抗战第一枪》一文最具代表性，论证得也最为充分，但该文严谨性略显不足。首先表现在文章引用王铁汉的"敌人侵吾国土，攻吾兵营，斯可忍，则国格、人格，全无法维持。而且现在官兵愤慨，都愿与北大营共存亡。敌人正在炮击本团营房，本团官兵势不能持枪待毙"一段文字不甚精准。引文将原文第 4 字"吾"写成"我"，显然与第 7 至 10 字"攻吾兵营"不是一种语境；在第 33 字"愿"后面无形中加了一个"意"字，漏掉倒数第 7 字"势"，还有漏掉标点符号的情况。应该说引文不够尊重原文。另外，文章中有"于是王铁汉毅然下令：'打！'"的字样，不知出自何处，应是作者根据当时场景的推断。若作为文学作品这样表述未尝不可，而作为学术论文就欠严谨和科学。而王铁汉回忆中的说法是"我即下令还击"。等等。有鉴于此，"王铁汉说"从资料来源可信度和研究科学性、严谨性的角度来看，缺乏必要的立论支撑，经不起认真推敲和论证，令人信服度不够。

笔者认为，研究"中国抗战第一枪"问题，应以辩证唯物主义和历史唯物主义为指导，全面、客观梳理历史资料，由此才能从历史空间出发，依据地域条件又不囿于地域局限，摒弃地域之争的孔见，回归理性的思考，得出科学结论，其成果的科学性、严谨性也才能得到切实保障，其学术观点才能令人信服。

二、突出中国抗战实现民族复兴的重大意义，避免陷入时间第一等误区

　　研究"中国抗战第一枪"问题，必须纳入中国抗战历史意义和时代价值的范畴。如果从东北抗战乃至全国抗战这一视角出发，"中国抗战第一枪"的内涵就不仅仅局限于时间层面。笔者认为，研究"中国抗战第一枪"问题，应突出中国抗战的重大意义和影响，特别是突出中国抗战在实现中华民族伟大复兴历程中的时代价值，避免陷入时间第一等误区，这样才能更为全面和科学。

　　若论九一八事变爆发当时最早的抵抗者，应是东北军独立第 7 旅第 621 团，他们比王铁汉的第 620 团抵抗要早。

　　据史料记载，九一八事变爆发之时，最先向东北军北大营发起攻击的是日本独立守备队第 2 大队第 3 中队，他们攻击的是距南满路最近的北大营西侧的东北军独立第 7 旅第 621 团。据东北军独立第 7 旅军士队队长李树桂回忆："'九·一八'之夜，我正在北大营，当夜 22 点 20 分，从北大营营房西边，传来一声霹雷似的巨响，震醒了正在甜睡的第七旅官兵……这时几个中队长和两个组长来报告说：'日军已进占了西围墙，正向六二一团及步兵研究班的营房袭击'……不久，在旅部和六二一团附近的林荫路上，突然响起了还击的枪声，虽然稀稀落落，但在我们听起来，却是那样的清脆、有力，而且也越来越激烈了。我们初步估计，可能是被迫处于绝境的

官兵，出于愤怒不得已向日军开火了。"① 关于中国抗日战争历史的一部著作也有如下论述："当日军首先从北大营西北角向第 621 团发起进攻时，士兵出于自卫便开始还击了。"② 此外，一部日文著作也有如下说法："日本守备队第 2 大队第 3 中队野田小队长于 18 日夜 11 时 30 分身负重伤。"③ 这部日文著作记载的九一八事变日军进攻北大营遭到抵抗时间是"18 日夜 11 时 30 分"或比之更早，明显早于王铁汉自己回忆的"19 日凌晨 1 时 40 分"之后的"还击"时间，充分说明北大营最早进行抵抗的是第 621 团。

综上可见，九一八事变爆发后，由于东北军独立第 7 旅第 621 团最早受到日军攻击，出于自卫进行了抵抗。如果从时间节点上看，最先打响抵抗枪声的是第 621 团，而不是第 620 团。

若论九一八事变后中国军队有组织、有影响的抵抗，最早的应是驻守长春的东北军官兵 1931 年 9 月 19 日的行动，而不是 1931 年 11 月 4 日马占山领导的江桥抗战。前文列举的关于"中国抗战第一枪"问题的第三种代表性说法，主要依据和核心观点是马占山在江桥率领东北军官兵对日军进攻进行了有组织、有影响的抵抗。实际上，从有组织、有影响抵抗的角度来看，马占山算不上打响有组织、有影响抗战第一枪。1931 年 9 月 19 日，也就是九一八事变爆发的第二天，

①李树桂：《"九·一八"我在北大营》，孙邦主编：《"九·一八"事变》，吉林人民出版社 1993 年版，第 272—274 页。

②萧一平、郭德宏主编：《中国抗日战争全史》（上篇·1931 年 9 月~1937 年 6 月），四川出版集团、四川人民出版社 2005 年版，第 80 页。

③［日］榛原茂树、柏正彦著：《满洲事变外交史》，金港堂书籍株式会社 1932 年发行，第 49 页。

日军进攻长春[①]，就遭到了有组织、有影响较大规模的抵抗。

在 1931 年 9 月 18 日驻沈阳日军进攻北大营及沈阳城的同时，驻长春日军也奉命做攻占长春的准备。按日本关东军既定计划，驻长春日军第 2 师团第 3 旅团和独立守备队第 1 大队第 4 中队，于 9 月 18 日午前即进行了军事部署。9 月 19 日晨 1 时左右，驻长春日军得知沈阳方面日军正在向北大营进攻的消息后，第 3 旅团司令官长谷部于晨 3 时 55 分下达总攻击命令。日军攻击的主要目标是宽城子及南岭中国兵营。晨 4 时 30 分，日军第 4 联队长大岛陆太郎率 400 余人开始攻击宽城子二道沟中国驻军，中国警察署也被包围缴械。当时，二道沟营房内驻有中东路护路军东北军第 23 旅第 663 团第 2 营傅冠军部约 650 人。在日军进攻时，营长傅冠军勇敢迎战，不幸战死。第 2 营士兵在营长牺牲、士兵亦有伤亡的情况下，群情激昂异常，誓不缴械投降，拼死抵抗。但终因日军炮火猛烈，中国军队死伤惨重，只好于 11 时开始突围。宽城子中国驻军仅以一营兵力，在营长战死的情况下，拒绝上级的不抵抗命令，与敌拼战半日，虽力战不支，但狠狠打击了日军的淫威和锐气，表现了东北军广大官兵的爱国主义精神。宽城子战斗，中日双方均有较大伤亡，中国军队死 41 人，伤 67 人；日军死 24 人，伤 33 人[②]。

日军在攻击宽城子中国兵营的同时，也开始对南岭中国兵营进

①长春，旧名宽城子。是 1905 年日俄战争后到 1945 年抗日战争胜利前南满铁路北端的终点，也是吉（林）长（春）铁路终点，北与中东路支线相接可达哈尔滨，实为吉林之门户，地理位置非常重要。

②［日］佐藤庸也著：《活机战》（第一部），日本军用图书株式会社 1943 年印刷，第 25 页。

行攻击。南岭兵营位于长春以南 6 千米处，西距南满铁路约 4 千米。当时营内驻有东北边防军步兵第 25 旅第 671 团、东北边防军炮兵第 19 团及辎重兵一营共 3600 人。日军进攻后，炮团团长穆纯昌、步兵团团长程玉山致电东北边防军司令部驻吉副司令长官公署参谋长熙洽，请示如何应对。熙洽命令撤退，不准抵抗。在日军猛烈炮火轰击下，中国驻军被迫还击，且战且退。由于武器库已被日军控制，许多中国士兵没拿到武器，徒手撤退，伤亡惨重。南岭战斗，中国驻军在长官下达不抵抗命令之后，仍坚守兵营数小时，给日军以重创。据日方记载，日军战死将校和准士官以下 42 名，负伤 56 名[①]。中国军队在南岭战斗中死亡官兵 218 名，负伤者 99 名[②]。

　　上述资料充分说明，从有组织进行抵抗并产生较大影响的角度来看，最早打响"中国抗战第一枪"的应是驻长春的东北军爱国官兵的抗日行动，而不是马占山领导的江桥抗战。

　　中国人民的抗日战争，是中华民族反对外敌入侵的最光辉、最壮丽的历史篇章。这一斗争的彻底胜利，雪洗了中国近代一百多年来中华民族任人欺凌、奴役的耻辱，使中华民族以崭新的姿态重返世界民族之林。这样一个前所未有的历史奇观，是整个中华民族的团结和凝聚所铸就和创造。中华民族的凝聚力，以爱国主义为基础，推动了中华民族由衰败走向振兴、由落后走向富强的巨大进步。中国人民的抗日战争，创造了中华民族伟大复兴的新纪元。

---

　　①［日］佐藤庸也著：《活机战》（第一部），日本军用图书株式会社 1943 年印刷，第 34 页。

　　②虎口余生著：《日军侵据东北记》，民众书局 1931 年版，第 65 页。

与中国人民抗日战争伟大意义和巨大影响力相比，特别是从实现中华民族伟大复兴的视角出发，笔者认为，九一八事变之后在中国抗战问题上，谁打响"第一枪"并不十分重要，有时候这一问题也不一定能够完全弄清楚。在国难当头、民族危亡的关键时刻，一大批东北勇士以民族大义为己任，义无反顾挺身而出，显现了具有反帝反封建光荣传统的东北人民以爱国主义为根基和动力砥砺奋起，敢于与强敌进行殊死抗争的无所畏惧、同仇敌忾、共赴国难、坚韧不拔、艰苦奋斗的伟大民族精神，并拉开中国人民抗日战争的雄伟大幕，这才应是我们今天研究"中国抗战第一枪"问题的根本意义、真正要旨和关键所在。

三、统揽、审视中国抗战大局，突破一战一役的局限

研究"中国抗战第一枪"问题，应从中华民族的根本利益出发，放眼、立足东北乃至全国，统揽、审视中国抗战大局，特别是从东北局部抗战的实际出发，系统地梳理中国民众的抗战历史，淡化所谓"第一枪"色彩，力避一战一役局限，不要简单突出什么"北大营之战""沈阳城之战""江桥抗战""长城抗战""卢沟桥抗战"等单一战役或战斗的地位和作用，而把这些战役或战斗汇入中国抗战的悲壮历史长河，突出全民族抗战、中华民族精神等主题和主旨。

1840 年以来的近代百年中国，处于帝国主义与中华民族之间的矛盾、封建主义与人民大众之间的矛盾这两种激烈的基本矛盾之中。但自 1931 年九一八事变之后，这些矛盾发生了巨大变化。此时，中华民族同日本帝国主义之间的矛盾，逐渐上升为压倒一切的特别尖

锐、特别突出的矛盾。九一八事变后，中华民族到了最危险的时候，成为全国各族人民、各界人士的共识；驱逐日本帝国主义出中国，成为中华儿女的心声；摆脱日本帝国主义妄图变中国为它独占殖民地的民族危机、进行伟大的民族解放战争，是中华民族的根本利益和共同意志。

　　九一八事变的爆发，使东北与全中国的政局面临严重危机。在这种形势面前，当权的南京国民政府和蒋介石采取了对日妥协、退让的不抵抗政策。东北军政当局，在不抵抗政策的支配下，一宵烽火失地千里，旬日之间辽吉各城尽陷敌手，造成了中华民族抵御外侮史上的奇耻大辱。1931 年 9 月 18 日夜，日军对北大营及沈阳城发动攻击之后，驻北大营的东北军独立第 7 旅官兵电请东北司令长官公署指示应付办法时，得到的答复是传达蒋介石的"日军此举，不过寻常寻衅性质，为免除事件扩大，绝对抱不抵抗主义"命令，并且进一步强调"全取不抵抗主义，缴械则任其缴械，入占营内即听其侵入。虽以口头命令亦须绝对服从"①。东北军政当局从张学良到一些高级将领，都完全忠实地执行了蒋介石的不抵抗政策。不抵抗政策犹如一条锁链，紧紧地束缚着十几万东北军的手脚。驻北大营的东北军独立第 7 旅系东北军精锐，在日军攻击北大营时，除少数官兵砸开仓库取出部分枪支被迫自卫还击外，全旅官兵拱手让出北大营，沈阳城亦随之陷落。而此时蒋介石却要求全国民众："必须上下一致，先以公理对强权，以和平对野蛮，忍痛含愤，暂取逆

---

　　①虎口余生著：《日军侵据东北记》，民众书局 1931 年版，第 14 页。

来顺受态度，以待国际公理之判断。"①蒋介石的不抵抗政策，助长了侵略者的野心，日军不断扩大侵略范围，对一些地方的占领，如入无人之境。九一八事变后东北接连丧师失地的境况，在国内引起巨大震动和不安，但许多人对蒋介石和南京国民政府还抱有幻想；有的人在等待国联的主持"正义"。而当时日本侵略军的头目却口出狂言，叫嚣不到 3 个月即可完全占领东三省。

九一八事变，一方面是中华民族遭受侵略的耻辱记录，后世人们永远不可忘却；但它同时又是中华民族复兴的新纪元。

中华民族在长期的发展历史进程中，形成了勇于反抗外敌入侵、坚韧不拔、艰苦斗争的民族特性。每当外敌入侵，破坏和平自由之时，广大民众便奋起自卫、救亡图存。

九一八事变爆发后，与南京国民政府和蒋介石的政策、主张截然相反，中国共产党立即发表宣言、决议，大力谴责和揭露日本帝国主义侵略东北的阴谋，号召全国民众积极行动起来武装抗日，收复失地。中国共产党驱逐日本侵略者出东北、坚决进行抗日的正确主张代表了中华民族的根本利益，指明了中国人民抗日斗争的大方向，得到东北各阶层民众的广泛支持与拥护。日本帝国主义侵略东北，使中日民族矛盾上升，中国国内的阶级关系随之发生了重大变化。受创过巨，反抗尤烈。九一八事变后，东北民众因直接遭受日本帝国主义的侵略和迫害，自然是最早地站在反日斗争最前线。东北广

---

①蒋介石 1931 年 9 月 22 日在国民党南京市党部发表的演说，《国闻周报》第 8 卷第 38 期，第 13 页。

大民众和部分东北军爱国官兵，在伟大的爱国主义精神感召和引领下，违反南京国民政府意志，冲破不抵抗政策禁锢，组成反日义勇军、自卫军、救国军、工农义勇军、大刀会、红枪会等各种武装，揭竿而起，掀起了如火如荼的抗日斗争。这些抗日武装系自发组织而成，其斗争是实行民族自卫对日作战的义举，所以统称其为东北抗日义勇军。东北抗日义勇军兴起、组建和开展武装抗日斗争的过程中，得到了中国共产党的支持、领导与协助。"由东北各阶层人民和东北军部分爱国官兵组织起来并得到中国共产党支持和协助的东北抗日义勇军（人数最多时达到 30 万），是最早奋起从事抗日战争的先驱"[1]。"东北抗日义勇军是东北人民革命军、东北抗日联军的前身之一，最早奋起从事武装抗日斗争的先驱"[2]。东北抗日义勇军的武装反日斗争书写了中华民族解放史的光荣一页。东北抗日义勇军的出现，不仅揭开了中国人民抗日斗争的序幕，"而且掀起了世界上弱小民族及被压迫大众反帝国主义的暴行和淫威斗争最精彩的一幕"[3]，它不仅得到国内各阶层的承认和关注，也得到国际上的重视，矫正了国际人士的视听。

曾经同中国人民并肩战斗，共同反对日本侵略者的朝鲜人民，也对东北抗日义勇军的直接抗战给予很高评价："由于民族矛盾的尖锐化和人民大众反日气势的高涨，革命形势迅速地成熟了。在这

---

[1]《东北抗日联军斗争史》编写组著：《东北抗日联军斗争史》，人民出版社1991 年版，"出版说明"第 1 页。

[2]《东北抗日联军史》编写组著：《东北抗日联军史》（上册），中共党史出版社2015 年版，第 85 页。

[3]于伟：《三年来东北义勇军斗争的总检阅》，《东方杂志》第 32 卷第 6 号，第 55 页。

样的形势下，满洲各地的许多东北军下层士兵和具有民族良心的部分军官都反对军阀的投降企图，发动兵变，开始走上反日抗战的道路"。"在旧东北军残部武装起义的同时，广大的中国农民也组织起大刀会、红枪会等武装，在各地进行反日斗争"。"以日本帝国主义占领满洲为转折点，由于高举反日旗帜而奋起斗争的反日部队的出现和中国各阶层人民反日斗争的高涨，卷起了革命风暴"[①]。历史的道路正是如此走过来的，"中国人民的抗日战争，是在曲折的道路上发展起来的。这个战争，还是在一九三一年就开始了。一九三一年九月十八日，日本侵略者占领沈阳，几个月内，就把东三省占领了。国民党政府采取了不抵抗政策。但是东三省的人民，东三省的一部分爱国军队，在中国共产党领导或协助之下，违反国民党政府的意志，组织了东三省的抗日义勇军和抗日联军，从事英勇的游击战争。这个英勇的游击战争，曾经发展到很大的规模，中间经过许多困难挫折，始终没有被敌人消灭"[②]。

如果说中国人民的抗日战争从 1931 年就在东北开始了，那么首先揭起中华民族武装抗日旗帜、打响"中国抗战第一枪"的就是在中国共产党领导、协助和影响下的，以东北各阶层民众和一部分爱国官兵为基础组织起来的东北抗日义勇军。东北抗日义勇军兴起、打响"中国抗战第一枪"，反映了中国人民近代以来反抗日本侵略

---

①朝鲜社会科学院历史研究所著，吉林社会科学院朝鲜研究所译：《朝鲜全史》（第 17 卷），中国社会科学出版社 1980 年版，第 23—24 页。

②毛泽东：《论联合政府》（1945 年 4 月 24 日），《毛泽东选集》（第 3 卷），人民出版社 1991 年版，第 1034 页。

爱国热情的总爆发，并把爱国主义提升到一个新阶段、新境界、新高度；东北抗日义勇军兴起、打响"中国抗战第一枪"，是中华民族救亡图存意识的新觉醒，是中华民族整体意志的集中体现，是中华民族实现民族解放的伟大壮举。这应是研究"中国抗战第一枪"问题所秉持的最基本态度和历史逻辑，也是遵循科学逻辑得出的最基本结论。

综上所述，我们关于"中国抗战第一枪"的基本结论和主要观点，主要依据的是中共中央已有的完整结论，那就是由中共中央党史研究室（今中共中央党史和文献研究院）牵头并逐字逐句审定，东北三省省委负责，东北三省党史学者编著的两部著作的相关论述：一是《东北抗日联军斗争史》的论述："东北抗日义勇军的武装反日斗争，冲破了国民党政府不抵抗政策的禁锢，揭开了中国人民武装抗日斗争的序幕，打响了反对日本帝国主义侵略的第一枪。"[①] 二是《东北抗日联军史》的论述："东北抗日义勇军是东北人民革命军、东北抗日联军的前身之一，是最早奋起从事武装抗日斗争的先驱"，"东北抗日义勇军的武装反日斗争打响了反对日本帝国主义侵略的第一枪。"[②]

在关于"中国抗战第一枪"问题上，我们一定要遵循中共中央的基本结论进行研究和宣传，在立足于中华民族意识新觉醒，救亡

---

① 《东北抗日联军斗争史》编写组著：《东北抗日联军斗争史》，人民出版社1991年版，第73页。

② 《东北抗日联军史》编写组著：《东北抗日联军史》（上册），中共党史出版社2015年版，第85、165页。

图存整体意志及自觉行动的基础上，进一步拓展、深化，以免陷入误区、引起歧义，从而经受住历史和未来的长期检验和评判。

第九章

关于"事变"与"战争"辨

——略论"九一八事变"不能改称"九一八战争"

近年来，在研究东北抗日战争有关问题特别是讨论九一八事变问题时，有人提出：日本帝国主义为了掩盖其侵略中国东北的阴谋，最早提出"九一八事变"一词，我们已被欺骗了几十年，仍沿用、重复日本帝国主义的"协和语"，现在不要再上当了。他们认为"九一八"不是事变，是侵略战争，应将"九一八事变"改称为"九一八战争"，并要求媒体也如此宣传并正式使用"九一八战争"一词。弄清"九一八"是"事变"还是"战争"问题，是一个非常重要的问题，值得史学工作者研究和思考。其实，"九一八事变"这一历史名称，并不是在 1931 年 9 月 18 日日军以武力侵略和占领沈阳城之后立刻形成的，它有一个逐渐演化的过程。我们认真梳理和分析后，一定会得出科学的结论。

一、"九一八事变"称谓的演化和正式提出

1931 年 9 月 18 日，日军占领沈阳等地以后，各地报刊 19 日还未得到确切消息，故在 19 日这一天的报刊中未见报道。9 月 20 日，天津《大公报》发表一则消息《北平特讯》："本报记者昨晨得沈阳被日军占领消息，随即驱车协和医院访问张副司令（张学良），时为午前 10 时，侍卫等人已半知沈阳事变……""昨晨"即 9 月 19 日，也就是说，9 月 19 日上午 10 时记者采访张学良时最早使用了"沈阳事变"字样。此后，在一些报刊上对"九一八"曾使用过"中日冲突""占领""突占""强占""事件""地方事件""中日事件""东北事件""九一八事件""九一八不幸事件""事变""沈阳事变""东北事变""十八日事变""九月十八日以来的事变"等字样。

1931 年 9 月 20 日，《中央日报》报道："甘心破坏远东和平，日军占领沈阳、长春、营口，借故实行其预定侵略阴谋"；《民国时报》报道："昨晨日军强占沈阳"；《盛京时报》报道："北大营炸毁南满路，导致南满各地战场开始中日冲突"；《大公报》报道："日军于昨晨突占沈阳，同时占领长春、营口、安东。沈阳损失重大……"

1931 年 9 月 22 日，《北平晨报》发表题为《勉抑感情努力自立自救》的社论，内称："日军在辽吉两省，突取非常的军事手段，占领区域，南尽营口沟帮子之线，北迄于长春宽城子……日军虽事无最后通牒，临时亦未正式宣战，中国军更纯然采取无抵抗主义，并无任何敌对行为，而日方之军事行动，俨然入于战时状态……"社论称日军行动为"日军暴行事件"。

9 月 22 日，国民党中央党部发表的《告全国同胞书》中有："日本武力强占东北""日军突以暴力施行侵略""日军在东三省暴行发生以后"等字样。

9 月 23 日，南京国民政府发表的《告国民书》中有："日本军队在东北之暴行其性质之严重，为空前所张未有，此种事变，实于我国存亡有莫大之关系。""此次事变起后，政府已立即将日人之暴行，报告于国联"字样，这里使用了"事变"一词。

1931 年 10 月 5 日出版的《国闻周报》第 8 卷第 39 期《东北日祸反响录》专题内刊发一则消息"日内瓦之中日大战"，文内有"世界各国一般印象以为日本仍未脱侵略的军国主义，而日本军人漠视政府外交，不受政治家之控制一节，尤予人以极恶之感想。日本因是，力事辩解。方事之始，日政府一再避免'战争''占领'字样，公报且以事变称之，以示一种意外之事，藉掩其首先启衅之责任。"
这是中国报刊第一次提出日本以"事变"一词掩盖其侵略罪行。在
同期同栏目的《国闻周报》内，分别载有美国政府致中日两国照会
及美国总统的讲话，其中称日本占领沈阳等地为"此次事件"；而
在南京国民政府外交部致美国电文中又继续称"中国事变"。也就
是说，中方消息一方面说日本以"事变"掩饰其占领、侵略行径；
一方面又继续使用"事变"一词。还是在同期的《国闻周报》，第
10 页有"自东北事变发生"字样，第 19 页载有"北宁路沿线事变表"。

　　1931 年 10 月 12 日出版的《国闻周报》第 8 卷第 40 期《一周
间国内外大事述评》一文里有"十八日事变"的字样，这里第一次
把时间与事件连在一起，但省略了九月字样，只以"十八日事变"
称之。

　　1931 年 9 月 30 日，国联行政院召开第 7 次会议，通过了自
"九一八"以来形成的第一个决议后，中国驻国联代表施肇基发表
声明，内有"决定九月十八日以来所发生事变而造所应负之数种责任，
并确定应有之赔偿"的内容。这里虽然没有把"九一八"与"事变"
连在一起，但使用了"九月十八日以来所发生事变"字样，其简称
也就是"九月十八日事变"。另外，施肇基 10 月 14 日在国联行政
院的会议上发表演说，国内报道有"自九月十八日夜事变，于中国
无准备中突发"的内容，这里又使用了"事变"字样。

　　1931 年 11 月 2 日出版的《国闻周报》第 8 卷第 43 期，在《公
理强权肉搏战》一文中又有"日军占领满洲事件"字样。《国闻周报》
第 8 卷第 48 期《国府外交步骤错乱》一文又把日军侵略行为称为"东

北事件发生"。可见，在当时是"事件"与"事变"用词交错使用，还没有统一的、约定俗成的说法。

1932年3月，国联派出以李顿为首的调查团到达中国。在中国各地，国联调查团与各方面人士会面时，新闻媒体都作了报道；河北省主席在招待调查团的午宴上致辞时，内有"自九一八沈阳不幸事件起后"字样，用的是"九一八事件"。

1932年4月13日，国联调查团李顿等5名委员在北京饭店正式接见荣臻、王以哲，《国闻周报》第9卷第15期在《国联调查团北上》一文中报道：李顿请荣王两氏将"九一八事变"经过，制成一种书面材料交与该团。这是新闻媒体首次正式、完整地使用了"九一八事变"一词。此后，在一些国内报刊上和有关专著大多称"九一八事变"。1932年9月18日出版的《国闻周报》第10卷第37期，有王芸生撰写的《这两年》专论文章，开头就写道："本期出版之日，适值国难二周年纪念日，也就是第二个九一八。'九一八事变'是世界史上的一件大事……"其文中凡说到日本侵略沈阳之事均以"九一八事变"称之。1932年9月18日的《中央日报》内有《中执委为九一八告国人书》，也提出社会等地将纪念"九一八事变"的问题。

总之，1932年9月18日，即第二个"九一八"以后，全国各地报刊基本上都使用了"纪念九一八""九一八国难纪念""纪念九一八事变××周年"等字样。在其他涉及东北事件的专论、文章及通讯报道中，也大多直接使用"九一八事变"称谓。

九一八事变以后，中国共产党及其领导下的中共满洲省委都相继发表宣言、决议，有时用"占领东三省事件"，有时用"满洲事变"称谓。

1931年9月20日，中共满洲省委发表《为日本帝国主义武装占领满洲宣言》；9月22日，中共满洲省委又作出《关于日本帝国主义武装占据满洲与目前党的紧急任务的决议》。1931年9月20日，中共中央发表《中国共产党为日本帝国主义强暴占领东三省事件宣言》；9月22日，中共中央作出《关于日本帝国主义强占满洲事变的决议》。

1935年12月27日，毛泽东所写《论反对日本帝国主义的策略》一文指出："一九三一年九月十八日的事变，开始了变中国为日本殖民地的阶段。"[①] 在这篇文章的注释四里说："一九三一年九月十八日，日本驻在中国东北境内的所谓'关东军'进攻沈阳，中国人民习惯上称日本这次侵略行动为九一八事变。事变发生后，驻沈阳及东北各地的中国军队执行蒋介石的不准抵抗的命令，使日军得以迅速地占领辽宁、吉林、黑龙江三省。"[②]

此后，在毛泽东的其他著作中，一般均用"九一八事变"字样。中国共产党的历史文件亦如是。至于日本方面对"九一八"的提法，刚开始没有什么称谓，后来逐渐采用"满洲事变"字样。

日本关东军于1931年9月18日夜以武力侵占沈阳城及北大营等地以后，9月19日上午第一次发布了日本关东军司令官本庄繁的

①《毛泽东选集》（第1卷），人民出版社1991年版，第143页。
②《毛泽东选集》（第1卷），人民出版社1991年版，第162页。

中文布告，张贴于沈阳各地街头。这个布告称：昭和六年九月十八日午后十点三十分，中华民国东北边防军之一队，在沈阳北侧北大营附近爆破我南满铁路，驱其余威敢然袭击日本守备队，是彼开始敌对行动，自甘为祸首……

1931 年 9 月 24 日，日本政府发表第一次声明。这个声明有五项内容，主要是强调 9 月 18 日冲突是由中国军队之一部破坏南满铁道线路而发生的。全文未提事件、事变字样。

1931 年 10 月 6 日，日本关东军司令部在给满铁会社的一份文件中，首先在日本内部提出："此次满洲事变，对于解决帝国多年的满蒙悬案，永远确保帝国之权益，增进日支两国国民之福祉，均为大好之机遇……值此之机，特向满铁会社，寄予厚望。"

1931 年 10 月 26 日，日本政府发表《帝国政府关于满洲事变的第二次声明》，在第二条里说："此次满洲事变之起因，完全在于中国军队之挑衅行动所致。"这里直接采用了"满洲事变"一词。

在后来日本的所有文书、文献以及著作中，凡涉及九一八之事均以"满洲事变"称之。例如于 1932 年 2 月出版，由榛原茂树、柏正彦所著的《满洲事变外交史》，书内各章均以"满洲事变"称之。由上述一些历史文献及媒体报道情况，包括日本方面的说法，可以看出，"九一八事变"这一概念的形成、演变有一个过程。先是以地区命名，如"东北事变""沈阳事变"；有时地名和时间同时并用，如"沈阳九一八事变"。后来才将地名省略而直接称其为"九一八事变"。历史资料证明，"九一八事变"这一称谓并不是日本首先提出来的，而是中国的习惯说法。

二、"九一八事变"的提法没有掩盖侵略性质和阴谋

通过前面对史料的梳理，已经清楚"九一八事变"称谓的由来，已经知道"九一八事变"的提法是我们的习惯说法，并不是由日本首先提出的。下面就"九一八事变"的提法是否模糊、掩盖了日本帝国主义的侵略性质和阴谋问题再加以分析。

第一，中国人称"九一八事变"，并没有模糊对日本帝国主义侵略性质的认识。主张改"九一八事变"为"九一八战争"的主要依据是，叫"事变"是日本帝国主义的阴谋，并引用了日本驻国联代表芳泽谦吉在国联会议上的发言和当时国内的一则报道为证。那么，实际情况如何呢？据《国闻周报》第8卷第38期《辽沈被占纪实》一文记载：1931年9月14日，中国被推选为国联理事国，派施肇基为代表参加第65届理事会。9月19日，国联第65届理事会第一次会议召开，施肇基出席会议，并将所得日军攻袭沈阳等地的情形提请国联行政院注意。施肇基发言后，日本代表芳泽立即陈述。"据报道消息，得悉沈阳事件发生，彼已向政府探询消息，一俟得到答复后，立即通知理事会，芳泽请理事会勿过分重视所谓局部事件。"芳泽在这里用的是"沈阳事件""局部事件"。当时，芳泽尚未收到政府训令，处于情况不明之中，他无权给日军占领沈阳一事加上一个正式的名称。一般地说，在九一八事变后最初几天的报道中，都是只叙述当时的冲突情形，并未加固定称谓。

不久，在1931年10月5日出版的《国闻周报》第8卷第39期《东北日祸反响录》专题内又发一则消息，这些消息是综合9月24日以

前情形写成的，即前文提到的"日内瓦之中日大战"。文章确实是批评日本以"事变"一词，避免"战争"，但在同一栏目内依然继续使用"事变"二字。在此之后，也没有废止"九一八事变"这一称谓，而到1937年7月7日日军全面侵华开始时又称"七七事变"。

实际上，自1931年9月18日以来中华民族各族人民群众，包括当时当权的南京国民政府和正在进行土地革命的中国共产党以及各民众团体，从来都没有因为"九一八事变"而被欺骗。中国人民对于日本帝国主义发动的"九一八事变"的阴谋和侵略本质看得十分清楚。日本自1868年明治维新以后逐渐走上以军备扩张和对外侵略为本质的军国主义道路，按照其制定的侵略政策和"东方会议"及"田中奏折"所规定的"征服东北，侵略中国，进而称霸亚洲"的侵略路线，终于在1931年发动了"九一八事变"。"九一八事变"是日本军国主义对中国进行大规模扩张侵略的起点；是全面侵华战争的序幕。这一点是中华民族包括世界各国人民对日本发动"九一八事变"的共识。一提到"九一八事变"，中国人民及世界人民都知道那是日本军国主义侵略中国的行动，在内涵和理解上从未发生过歧义。自1931年"九一八事变"后到1945年的14年间，中国人民从未松懈自己的斗争意志，进行了不屈不挠和波澜壮阔的武装斗争，并第一次以全中华民族自己的力量打败了日本军国主义。

第二，日本帝国主义把"九一八事变"称为"满洲事变"，也不能掩盖其侵略本性和阴谋。如前所述，就通行的名称而言，日本把"九一八事变"叫作"满洲事变"，但也不是一开始就称"满洲事变"。"九一八事变"发生后的最初几天，日本方面曾经叫过"柳条湖事件""日支兵冲突事件"。有些公开发表的布告、声明只叙述其伪造的事实，不在文件前面冠以任何名称。后来才称"九一八事变"为"满洲事变"。

同一个侵略行动，中国称其为"九一八事变"，而日本称之为"满洲事变"，各有各的含义，在翻译上不可通用，更不是什么"协和语"。在日本的任何报刊及官方文献中从不用"九一八事变"字样。日本帝国主义发动事变是其既定国策，是实现其"大陆政策"、侵略东北进而征服中国的第一步。虽然在"九一八事变"之初，日本也表示此次事变是"中国多年排日思想变成对日本军队之挑拨态度，日本军队之取自卫措置，乃帝国主义夙所声明者"①；同时也表示对中国无领土野心，努力防止情势扩大，一俟情势转佳，则将日军撤回铁路区域内，等等。这是日本政府还顾及世界各国舆论，故作姿态以欺骗世人。但日本也公然称：满蒙乃日本之生命线，关于满蒙重大性既认识明白，故或于必要时，决不踌躇，武力解决②。后来，由于南京国民政府的软弱无力和国际上几个主要资本主义国家把持国联，对日本的侵略行为包庇、纵容，日本更是有恃无恐，态度日益强硬，其开始的一点点伪装也渐渐剥去。1931 年 11 月 30 日，日本政府公然提出要求："忠于张学良将军之军队，及现在之锦州政府，必须撤至长城以内；然后日本将由长城至海岸布防，使满洲成立自

---

① 陈觉著：《"九·一八后"国难痛史》（下册），辽宁教育出版社 1991 年版，第 1085 页。

② 陈觉著：《"九·一八后"国难痛史》（下册），辽宁教育出版社 1991 年版，第 1079 页。

治政府，偃武修文，脱离中国。"① 这已经赤裸裸地表露了其侵略中国东北的野心和发动事变的目的。日本帝国主义发动的所谓"满洲事变"，虽然与中国人民习惯上称谓的"九一八事变"都有"事变"字样，但各自理解的内涵则完全不同。日本也不可能因中国称 1931年 9 月 18 日的军事行动为"九一八事变"而达到掩盖其侵略阴谋和罪恶的目的。

对于"事变"二字或者"九一八事变"性质的认识，关键在于如何理解"事变"一词的基本含义。"事变""事件"在中国的文字里其意义有相近之处，但在内涵及程度上又有不同。辞书上说：事件是指历史或社会上发生的大事。在中国近现代史上，中日之间发生过一系列"事件"，如 1913 年秋，袁世凯命张勋率军自兖州南下，攻克南京时误杀日本人数名，史称"南京事件"。1916 年，日本暗助清室宗社党起兵，被奉天第 28 师军队击败，日军借此攻入中国军队团部，阻止中国军队镇压胡匪和宗社党，此为"郑家屯事件"。还有"万宝山事件""中村大尉事件"等等，皆称"事件"。而"事变"一词，在古代汉语中，有时候为单音节。例如唐初李世民与其兄李建成争夺皇位的"玄武门之变"。明代正统十四年（公元 1449年），西部蒙古贵族瓦剌军于河北怀来西部土木堡俘明英宗之事称"土木之变"。这里的"变"字也就是"事变"之简称。有的则是双音词"事变"，分别表示非常变异的事情，突发的事故。如《管子·幼

① 陈觉著：《"九·一八后"国难痛史》（下册），辽宁教育出版社 1991 年版，第 1105 页。

官》："和好不基，贵贱无司，事变日至"；《汉书七六·尹翁归传》："奴客持刀兵入市斗变"；《汉书十六·邓训传》："乌桓怨恨谋反，诏训将黎营兵屯狐奴，以妨其变"。在中国近现代史上发生的重大突然事故，如1898年（清光绪三十四年）慈禧发动的镇压改良派"戊戌政变"。上述的"变"字也就是突发的重大事故。还有，在"九一八事变"之后，中国发生的一系列大事也称"事变"，如"西安事变""七七事变"等。这些称谓符合中国语言习惯，时间或地点加之中性词"事变"之前，形成一种特定概念和内涵。而且不论在一个营垒内部或敌对之间，凡称"事变"者，一般皆为较大的敌对性质。另外，日文辞典中，如日本出版的广辞林、广辞苑对于"事变"的翻译，大体上是不测之事，意外变故。以警察力量镇压扰乱之事，国际间的不宣而战，皆称"事变"。因此，单以使用"事变"一词就掩盖了侵略战争本质之说并不准确，也难以令人信服。

第三，从"九一八事变"发生到现在已经过去90年，中国海峡两岸人民，世界各国人民，包括大多数日本人民，对于日本帝国主义发动"九一八事变"的根本目的和侵略本质已经取得了共识。中国抗日战争暨世界反法西斯战争胜利后，中国人民、亚洲各国人民从来没有松懈对日本军国主义复活的揭露和批判。在战败后，日本国内有一批军国主义分子及右翼势力，千方百计为日本帝国主义的侵略罪行辩解开脱。其中包括日本首相以官方身份参拜靖国神社，日本右翼势力策划出笼的《新历史教科书》等等。但这并不是因为是叫"九一八事变"而起，而是日本军国主义阴魂不散。在这种形势下，我们的任务是进一步深刻揭露日本侵华暴行，批判日本右翼势力篡改侵略历史的行径；在国内深入研究、撰写中国人民反对日本帝国主义侵略斗争的历史，赞颂抗日志士爱国主义和英勇牺牲的业绩，用以激发中华民族自立自强、爱国奉献、奋斗不息的精神。而不是在把"九一八事变"改成"九一八战争"等一些形式问题上下功夫。

同时，我们必须看到，把"九一八事变"改称"九一八战争"，这样一个重大历史命题并不只是关系到"九一八事变"发生地辽宁沈阳一地之事，它更涉及国内国际一系列大问题。如果把"九一八事变"改称"九一八战争"，在立论上能否站住脚姑且不论，此外还涉及党内外、国内外大量历史文献对"九一八事变"的提法，这些都是很难处理的。所以，对于这样一个重大的历史问题，史学工作者还是应该采取审慎态度为好，应从科学分析历史资料、认真研究历史事实的角度得出正确的结论。这才是史学工作者应该做的有意义、有价值的工作，也是史学工作者继续努力的方向和追求的目标。

第十章

九一八事变与中华民族的新觉醒

一个自尊、自立、自强的民族，才能砥砺前行，才能开辟远大而美好的未来。岁月的车轮，驶入充满新的期冀和热望的 2023 年。2023 年是九一八事变爆发 92 周年。一个重大历史事件，总是给人以深邃而久远的启迪。从一定意义上说，九一八事变是中华民族耻辱的悲壮记录，更是中华民族新觉醒的崭新开端。因为九一八事变后，中华民族奋起抗争，掀起了中国人民伟大的抗日战争，并于 14 年后取得了伟大胜利。正如习近平总书记 2014 年 9 月 3 日在纪念中国人民抗日战争暨世界反法西斯战争胜利 69 周年座谈会上的讲话中所深刻指出的："近代以来，中国人民为争取民族独立和解放进行的一系列抗争，就是中华民族觉醒的历史进程，就是中华民族精神升华的历史进程。这种民族觉醒和民族精神升华，在抗日战争时期达到了全新的高度……是中国人民抗日战争胜利的决定因素。"

九一八事变后掀起的中国人民抗日战争硝烟虽已散去，但九一八事变唤起的伟大民族觉醒、形成的伟大抗战精神，仍然是激励中国人民战胜前进道路上各种困难和挑战、实现中华民族伟大复兴的不竭精神动力。

一、民族觉醒与民族耻辱——"每个人被迫着发出最后的吼声"

北京卢沟桥中国人民抗日战争纪念馆前，屹立着一座 4.5 米高的巨型雕塑《醒狮》。这是一种意象，一个标识，象征着四亿五千万同胞在九一八事变后开启的伟大抗日战争中的空前觉醒。

民族觉醒，是指近代中华民族为争取独立、自主、富强、进步而进行的思想启蒙和精神发动的过程，体现了中华民族在历史征程中不断改变前途命运的新追求、正确选择前进道路的新定向、有力焕发生命活力的新跃升。

"朝曦入牖来，鸟唤昏不醒。"18 世纪后半叶西方工业革命的马达轰鸣，没有惊醒东方大清帝国"天朝上国"的迷梦。

近代中华民族的觉醒，是伴随着帝国主义的不断侵略、中国人民的不断抗争，在昏昏沉沉、懵懵懂懂中睁开双眼的。

1840 年，西方列强的坚船利炮轰开了古老中国的大门。鸦片战争虽然失败了，但当时的中国人并没有意识到真正的危机。因为大清输给的是西方强国，即使割让土地，也是边缘不毛之地。个别有远见的先进分子如郑观应向酣睡的国人发出"危言"警示，但不得不表白时处"盛世"，因而把自己的著作定为《盛世危言》，对"天朝上国"仍不乏自信。

自 1840 年鸦片战争以来，西方帝国主义列强一再欺侮中国，民族灾难深重，人民饥寒交迫，时代呼唤东方"睡狮"醒来。

"吾国四千年大梦之唤醒，实自甲午战败割台湾、偿二百兆始也"。1894 年甲午战争的惨败，给中国人民带来前所未有的耻辱，也促成了中华民族前所未有的觉醒。"泱泱大国"居然败于一向被中国看不起的"蕞尔倭奴"，而且赔款数额巨大，割出的是整块省区，并由此开启了帝国主义瓜分中国的狂潮。亡国灭种的危险，像一个令人战栗的阴影，笼罩在爱国者的心头。

当时，中国面临的不是强与弱的问题，而是更严峻的存与亡的问题。《马关条约》签订不久的 1895 年 5 月，严复在天津《直报》

上发表了轰动一时的《救亡决论》，第一次响亮地喊出了"救亡"的口号。这是中国近代发展史上一个有着标志性意义的变化。

如果说，鸦片战争是民族觉醒的启蒙发轫，甲午战争是民族觉醒的重大转折，那么九一八事变后开启的抗日战争则是民族觉醒的总爆发。

1931年9月18日，日本侵略者悍然发动了九一八事变，迅即强占了中国的东北全境。东北各族人民面临的是被奴役的共同命运，而南京国民政府却实行"不抵抗"政策，并荒唐地提出"彼有强权，我有公理"，"暂取逆来顺受态度，以待国际社会干预"。

当时驻国际联盟的中国代表顾维钧曾有悲痛的回忆：当他向各国代表逐个求援时，得到的最令其无地自容的回答是："你们自己都不抵抗，怎么能期望别人代劳？"

在强权和实力主导国际舞台的状态下，中国在反侵略时只有自己表现出意志和力量，才有可能争得尊严，否则自己的命运只能掌握在他人手中。从李鸿章甲午之战"以夷制夷"的失败，到南京国民政府乞求国联干预落空，都证明了这一点。

日本帝国主义的侵华野心并不因南京国民政府的妥协退让而有所收敛，反而益发膨胀起来。1932年，日本为侵略上海发动"一二·八事变"，燃起了广大民众与爱国人士的反抗烈焰。1935年，日本制造所谓"华北五省自治运动"，激起了"一二·九运动"的爱国救亡热潮。1937年，日本又蓄意制造七七事变，挑起了全面侵华战争。卢沟桥畔的枪炮声，彻底唤醒了沉睡已久的东方"睡狮"。

"每个人被迫着发出最后的吼声"。在中国共产党倡导建立的以国共合作为基础的抗日民族统一战线旗帜下，地不分南北，人不分老幼，全国人民义无反顾投身到抗击日本侵略者的洪流之中，中华大地到处燃起了抗日烽火。

殷忧启圣，多难兴邦。回顾百年来的历史可以看出，中华民族的觉醒，是以近代百年的屈辱史换来的，是被列强一"棒"一"棒"打出来的。尽管民族意识的觉醒艰难曲折，但经过一代又一代人的努力而逐步深化。

历史的曙光，常常在最黑暗时闪现。民族心理学认为，当一个民族遭受外敌入侵时，其民众心理就会发生急剧的变化。民族情感的唤起、民族态度的变革，就是这种民族心理变化的体现。日本军国主义的野蛮入侵，带给中国人的不只是深重的灾难，更是一种精神上的强击，成为中华民族觉醒的催化剂。只有到了九一八事变后，中华民族觉醒最终得到集体呈现并引发质的飞跃，演绎出同仇敌忾、共御外侮的壮阔历史场景。

正如朱自清在《这一天》一文中所写的："东亚病夫居然奋起了，睡狮果然醒了。从前只是一块沃土，一大盘散沙的死中国，现在是有血有肉的活中国了！"从"死中国"到"活中国"，这确乎是中国历史上从未有过的大变化。

二、民族觉醒与民族意识——"中华民族到了最危险的时候"

马克思、恩格斯在《德意志意识形态》中说，意识在任何时候都只能是被意识到了的存在，而人们的存在就是他们实际生活过程。

作为民族存在的反映，民族意识是一种特殊的社会意识，具有强大的凝聚力、向心力和创造力，是使民族得以生存的最重要的精神支柱。

从一定意义上说，近代中华民族的觉醒，实质是民族意识、国家意识的觉醒。

"中国"这一词汇，虽然在历史上早就出现了，但它并不是现代意义上的国家概念，而是朝代、邦国、家室的总称，即"一姓之天下非万姓之天下"。所谓"华夷之辨""夷夏之防"，集中反映的也是一种相对狭隘的朴素的种族意识。

"中华民族"，这一家喻户晓的称谓，细算起来也只有区区百余年的历史。1902 年，义和团运动失败后不久，梁启超在一篇文章中，不但将德国政治理论家布伦奇利的"民族"概念介绍到中国，而且第一次明确提出"中华民族"的概念。此后数年间，孙中山、杨度、章太炎、李大钊等多次提出"中华民族"的概念，并从理论上逐步将其涵盖到本国境内的所有民族。

我国著名民族学家费孝通经过多年研究，得出一个结论：作为一个自在的民族实体，中华民族是在几千年的历史过程中形成的，但作为一个自觉的民族实体，中华民族是在"近百年来中国和西方列强对抗中出现的"。因为只有到了近代，中华民族才真正与"非我族类"的外国人发生冲突，才有可能使民族自我意识从自在走向自觉，意识到中华民族是一个具有共同生存空间、共同文化、共同生活方式、休戚与共的共同体。

九一八事变后，中国人民掀起的抗日战争，一开始就叫"抗日民族解放战争"。正是在全面抗战初期《义勇军进行曲》"中华民族到了最危险的时候……"的铿锵旋律中，人们才深切感受到一个有血有肉的概念——"中华民族"。

九一八事变后，抗战时期民族意识的觉醒，表现为民族独立意识开始形成，并赋予其时代性、人民性的内容。这种觉醒体现的是对国家、民族的高度认同。"一个人生命是容易毁灭的，群体的生命就会永生……民族一旦存在，个人也不会灭亡"。在空前的民族危机面前，不管党派、阶级、阶层、团体、个体，都共同意识到了中华民族的整体利益。"兄弟阋于墙外御其侮"，国共两党建立抗日民族统一战线，正是这种觉醒的表现。尽管国共两党在许多重大问题上仍存歧见，但在共御外侮、挽救危亡的民族意识推动下，"化干戈为玉帛"，形成了第二次国共合作，促使中华民族凝聚成一个战斗的集体。"工农兵学商，一起来救亡"。在中国历史上，还从未有过这样广泛自觉的抗战斗争。这与甲午战争只是"朝廷的战争"或李鸿章"一个人的战争"——"以北洋一隅之师搏击日本全国之师"的状况相比，真是有如天壤之别。

这种觉醒凝聚了全民族的意志和力量。民族意识在不同时代、不同民族有着不同的表现和特点。在那个血雨腥风的年代，无论是中国的广大官兵，还是工人、农民、知识分子、实业家，不论是少数民族，还是海外侨胞，无不以各种方式，为救亡图存贡献自己的一份力量。抗战到底，成为一种全民族的坚强意志。正是这种觉醒的民族意识、定型的"国家感"，汇合成无坚不摧的精神力量。作为一种巨大的精神力量和精神财富，民族意识的空前觉醒，不仅直接影响和推动了抗日战争的实际进程，而且是抗战最终取得胜利的根本保证。

这种觉醒奠定了中国社会发展进步的思想基础。民族意识在抗战中的空前觉醒，顺应了近代中国社会向前发展的趋势。鸦片战争以来剧烈的社会变动和内外危机的激化，为民族意识的觉醒提供了历史场域和条件。经过辛亥革命和五四运动的洗礼，民族、国家观念逐步深入人心。特别是中国共产党登上政治舞台，为民族的觉醒和进步注入了新的活力。那种地广不足以为大、多不足以为众、四分五裂、一盘散沙的衰弱局面，已经被有效的政治动员和民族精神的凝聚所取代。这种由民族觉醒和政治进步而积累的精神能量，在民族危亡之际迸射出无比耀眼的光芒。

当年日本侵略者以少量兵力就敢欺凌中华大国，认定南京国民政府和东北当局均不敢抵抗，一个重要根据便是中国的分裂和内战不息，民众处于一盘散沙状态。九一八事变元凶板垣征四郎甚至认为，四分五裂的中国"不过是在一个自治部落的地区加上国家这一名称而已"，像死猪一样容易对付。然而，历史辩证法无情地惩罚了侵略者。巨大的民族灾难唤起中国空前的民族觉醒和团结，使日本侵略者陷入中国人民战争的汪洋大海之中。

诚如全面抗战爆发之初日本《朝日新闻》上海特派员尾崎秀实在一篇评论文章中所分析的，日本"并非是对付支那（对中国的蔑称）统一政权国民政府，而是与整个支那民族为敌"，"而与支那民族阵线的全面抗日战争相冲突，才是更为严重的问题"。战争的结局恰被尾崎所言中。中华民族空前觉醒所形成的强大的抗日力量，正是侵略者遭受失败的根本原因。

可以说，民族意识的空前觉醒，是九一八事变后抗日战争给中华民族内心深处带来的最深刻的变化。正是人民群众的这种觉醒和奋起，推动了中国近代社会历史的发展和进步。

强烈的民族意识，是中华民族的血脉和灵魂，也是我们有能力自立于世界民族之林的精神基石。

三、民族觉醒与民族精神——"冒着敌人的炮火，前进！"

黑格尔在《历史哲学》中说过，"民族精神是认识自己和希求自己的神物"，一个民族的民族精神"推动着那个民族的一切行动和方向"。近代中华民族的觉醒，既是民族意识的觉醒，又是民族精神的觉醒。一个民族的民族精神一旦被唤起，其威力是无穷无尽的。

在漫长的历史岁月中，中华民族历经挫折而不倒，饱受磨难而不灭，正是因为有着百折不挠、坚韧不屈、自尊自信的民族精神。

九一八事变后，中国人民掀起的伟大抗日战争，既是一场军事实力和经济实力的拼争，更是一场意志和精神的较量。中国人民在14年艰难抗战中形成的抗战精神，既源于中国悠久文化和爱国传统的熏陶，也来自近代历史条件下新的民族觉醒的赋予。

习近平总书记在纪念中国人民抗日战争暨世界反法西斯战争69周年座谈会上的讲话中，将抗战精神概括为：天下兴亡、匹夫有责的爱国情怀，视死如归、宁死不屈的民族气节，不畏强暴、血战到底的英雄气概，百折不挠、坚韧不拔的必胜信念。这种伟大的抗战精神，是以爱国主义为核心的优秀民族精神的时代体现，是中华民族弥足珍贵的精神财富和取之不尽的力量源泉。

"一寸山河一寸血，四万万同胞千万兵"。在凶残的侵略者的杀戮面前，多少人前赴后继，碎首沙场；多少人沥血孤营，裂身银汉；多少人毁家纾难，以身殉国。从平型关大捷到台儿庄会战，从"刘老庄连"到"八百壮士"，从杨靖宇、左权到张自忠、戴安澜，千千万万同胞万众一心，同仇敌忾。回望抗战，我们怎不为民族气节的大弘扬而惊叹，为民族智慧的大迸发而自豪，为民族伟力的大释放而振奋？

抗战精神丰富和升华了爱国主义精神。近代中国的民族精神，以救亡图存为主导价值理念。在 14 年抗日斗争历程中，救亡图存是中华儿女始终铭刻在心的精神支柱，是中华民族发自深处的激情呐喊。它突破了以往"忠君报国"思想的局限，注入了近代以来以国家和民族利益为准则、以民族独立和解放为目标的时代思想精华；它冲破了以往闭关锁国观念的束缚，把追求民族独立、维护世界和平正义统一起来，把中国的抗日战场与世界反法西斯战场统一起来，实现了爱国主义与国际主义的有机结合。

抗战精神丰富和升华了英雄主义精神。中华民族自近代以来饱受屈辱，但中华民族从来没有向任何侵略者低下头颅。抗日战争的胜利，充分展示了中国人民不畏强暴、血战到底的英雄气概。这种抗战精神突破了旧式英雄主义强调个人价值与作用的局限，形成了人民是真正的英雄的群体意识和集体主义的英雄观；这种抗战精神摒弃了旧式英雄主义为个人利益打算、为统治者效力的愚昧落后思想，形成了民族和人民的利益高于一切、并为之献身的革命英雄主义。

抗战精神丰富和升华了民族团结精神。团结是铁，团结是钢。钢铁般的民族团结，是战胜任何艰难险阻的无穷力量。抗日战争促进中国人民的觉悟和团结的程度，是近百年来中国人民的一切伟大的斗争没有一次比得上的。它突破了强调"华夷之辨"的大汉族主义局限，克服了你争我夺、相互倾轧的内部纷争，各民族以国家利益、民族利益为重，和衷共济，并肩战斗，维护中华民族整体利益，成为全民族的自觉共识和共同意志。

"诚既勇兮又以武，终刚强兮不可凌"。抗战精神再一次昭示，"我们中华民族有同自己的敌人血战到底的气概，有在自力更生的基础上光复旧物的决心，有自立于世界民族之林的能力。"

四、民族觉醒与民族复兴——"用我们的血肉筑成我们新的长城"

不竭如江河，无穷如日月。中华民族毕竟是一个充满智慧与生机的民族。五千年中华文明亦称"华夏文明"，"而谓之华夏者，夏，大也，言有礼义之大，兼有文章之华也"。故而，每当中华民族遭遇到困难挫折，华夏文明的基因总会凝聚起全民族的智慧和力量，去战胜千难万险，改变自己的命运。

九一八事变后的民族觉醒，不仅增强了中华民族救亡图存的民族意识和不屈不挠的民族精神，而且激发了中国人民对民族复兴的空前渴望。

正是由于近代以来中国的贫弱落后，才导致河山被践踏，生灵遭涂炭。从甲午战争的旅顺大屠杀，到九一八事变次年的平顶山惨案，再到惨绝人寰的南京大屠杀，就是国家不够强大、受到外国欺辱的惨痛案例。落后就要挨打，贫弱必然受欺侮。唯有自强不息才能自立于民族之林。民族复兴的希望，召唤着坚韧不拔的中国人民。

近代中国始终面临着两大历史课题：一是救亡图存，实现国家的独立；一是追求现代化，实现民族的复兴。这两者相辅相成，相互促进。救亡图存是实现民族复兴的出发点和基本前提，而只有促进中国现代化和民族复兴，才能为救亡图存提供坚强支持和保证，真正实现民族独立。

九一八事变后抗战时期开启的民族觉醒，凸显出救亡与复兴的时代主题。经过 14 年浴血奋战，中国军民最终把日本侵略者逐出了国土，赢得了近代以来中国反抗外敌入侵的第一次完全胜利，一扫百年来中华民族屡战屡败的精神积弊和悲观阴霾。这种久违了的自尊与自信，使民族获得足够的信心去重新创造一个崭新的国家。

从兴盛到衰败，再到复兴与崛起，雄辩地证明了中华民族蕴含着一种巨大的内生力量——这就是中华民族的向心力和生命力。中国人民抗日战争的伟大胜利，是中华民族从沉沦走向复兴的历史转折点。

今天的中国，早已实现了民族独立和人民解放，早已告别了任人宰割、饱受欺凌的时代，并以举世瞩目的改革和现代化建设成就巍然屹立于世界东方。实现几代中国人孜孜以求的强国梦，不再是缥缈虚幻的期待。但在筑梦圆梦的征程中，重在永远保持"唤醒""警醒""醒来"的状态，凝聚起实现中华民族伟大复兴的磅礴力量。

新中国成立前夕，人民政协开会商定国歌。画家徐悲鸿等委员建议以《义勇军进行曲》作为国歌，毛泽东当即表示支持，但也有人提出，新中国就要成立了，"中华民族到了最危险的时候"的歌词已经过时了。周恩来坚定地指出，要留下这句话，让我们耳边警钟长鸣，居安思危，安不忘危。

抚今追昔，90多年前的血泪历史早已终结；痛定思痛，醒世警钟当须长鸣不止——经过了90多年，我们国家是否已经能够足以抵御外侮？国人应以怎样的精神状态面对未来？

滔滔大浪总是挟沙而下。昔日抗战中那么多的汉奸、伪军，那么多的降兵、逃兵，在向我们敲响警钟。浩浩大潮总有暗流涌动。今天世界霸权主义的阴霾不散，日本军国主义的死灰复燃，也在向我们敲响警钟。

民族的伟大复兴，需要强大的精神支撑；国家的繁荣富强，需要强大的实力保障。

一个国家、一个民族的历史命运，说到底，掌握在这个国家和民族的人民自己手中。

中国这头狮子已经醒了，这是一只和平的、可亲的、文明的狮子——习近平总书记2014年3月在法国巴黎援引拿破仑的"睡狮论"，以形象精练的概括，道出了中国由睡到醒、由弱到强的深刻变化，也阐明了中国同世界的交往之道。

历史一再告诉我们，和平是需要争取的，和平是需要维护的。不管任何时候，争取和维护和平，都离不开民族的觉醒和强大的实力。

2022年，党的二十大报告明确提出了新时代新征程中国共产党的中心任务是"团结带领全国各族人民全面建成社会主义现代化强国、实现第二个百年奋斗目标，以中国式现代化全面推进中华民族伟大复兴"。历史告诉我们，人民是历史的创造者，是决定党和国家前途命运的根本力量。中国力量是中国各族人民大团结的力量，是我们党克服各种困难、战胜各种风险挑战的力量源泉。实现中华民族伟大复兴是全体中华儿女的共同心愿和共同事业，必须紧紧依靠人民，聚合起磅礴之力。

"起来，不愿做奴隶的人们，把我们的血肉，筑成我们新的长城"。团结奋斗是我们党带领人民创造历史伟业的必由之路，团结奋斗是中国人民实现中华民族伟大复兴的坚强保障。只要我们万众一心、众志成城、团结起来、持续奋斗，始终保持民族觉醒的强大精神和磅礴力量，就没有任何力量能够阻止中华民族实现伟大复兴中国梦的豪迈步伐！

第十一章

沈阳：点燃中国抗战文化火种之城（代结束语）

沈阳，辽宁省省会，东北重要中心城市。南部有亮丽的浑河缓缓流过，东北部有秀美的棋盘山蜿蜒拱卫。沈阳，历史文化底蕴丰厚，素有"千年古都"之称，是国家历史文化名城。周恩来、刘少奇、陈云等中共领袖在沈阳或学习或战斗，烙下深深的红色文化印记。1931年九一八事变在沈阳爆发，中国抗战由此揭开序幕，沈阳由此烙下抗战文化的深深印记，并映照出璀璨光辉。位于沈阳市大东区望花南街46号、九一八事变发生地南满铁路（今哈大铁路）柳条湖路段遗址东南侧的"九·一八"历史博物馆，是迄今为止国内外唯一一座全面反映九一八事变历史的博物馆，时刻警示世人勿忘国耻、勿忘"九一八"。以"九·一八"历史博物馆为基点，依据丰富的抗战史料，向辽远的历史时空扩展，可以知晓沈阳在抗战文化发展中的重要地位和可贵价值。

揭开中国抗战序幕，点燃中国抗战文化火种。1931年9月18日，中国农历辛未年八月初七，时届中秋，天高气爽。但就在这天夜里，盘踞在中国东北的日本关东军按照精心策划的阴谋，由铁道守备队炸毁沈阳柳条湖附近日本修筑的南满铁路路轨，并嫁祸于中国军队。日军以此为借口，炮轰中国东北军北大营，制造了震惊中外的九一八事变。次日，日军侵占沈阳，后又陆续侵占东北三省。

当时的一首东北小调真实反映了九一八事变的场景："高粱叶子青又青，九月十八来了日本兵。先占火药库，后占北大营，杀人放火真是凶！中国的军队好几十万，'恭恭敬敬'让出了沈阳城！"

张寒晖于九一八事变后创作的著名抗日歌曲《松花江上》，唱出了东北民众乃至全国人民的悲愤情怀，被誉为《流亡三部曲》之一，风靡中华大地。歌词为："我的家在东北松花江上，那里有森林煤矿，还有那满山遍野的大豆高粱。我的家在东北松花江上，那里有我的同胞，还有那衰老的爹娘。'九一八'，'九一八'，从那个悲惨的时候，'九一八'，'九一八'，从那个悲惨的时候，脱离了我的家乡，抛弃那无尽的宝藏。流浪！流浪！整日价在关内，流浪！哪年，哪月，才能够回到我那可爱的故乡？哪年，哪月，才能够收回那无尽的宝藏？爹娘啊！爹娘啊！什么时候，才能欢聚一堂？！"

毛泽东曾经指出，一首抗日歌曲抵得上两个师的兵力。《松花江上》唤醒了民族之魂，点燃了中华大地的抗日烽火。

1931 年在沈阳爆发的九一八事变，具有两种截然相反的意义：九一八事变，不仅使日本帝国主义蓄谋已久侵略东北、进而侵略全中国的阴谋计划得以实现，给东北人民造成巨大灾难，九一八事变是中华民族耻辱的记录，昭示落后就要挨打；也是中华民族复兴的新纪元——九一八事变后，东北人民奋起抗争，展开不屈不挠的局部抗战，揭开中国 14 年抗战序幕，也揭开世界反法西斯战争序幕。

毛泽东指出："中国人民的抗日战争是在曲折的道路上发展起来的。这个战争，还是在一九三一年就开始了。一九三一年九月十八日，日本侵略者占领沈阳……东三省的人民，东三省的一部分爱国军队，在中国共产党领导或协助之下，违反国民党政府的意志，组织了东三省的抗日义勇军和抗日联军，从事英勇的游击战争。"

习近平总书记指出："日本军国主义的野蛮侵略，激起中国人民的奋勇抵抗。九一八事变成为中国人民抗日战争的起点，并揭开了世界反法西斯战争的序幕。"

沈阳作为揭开中国抗战序幕、成为中国抗战起点城市的同时，也成为中国抗战文化兴起、点燃中国抗战文化火种之城。

抗战文化是抗日战争时期中国人民创造的物质文化和非物质文化总和，是当时中国先进文化——新民主主义文化（即以中国共产党文化思想为领导的人民大众反帝反封建的新民主主义文化）的一个重要组成部分。抗战文化始于1931年九一八事变后中国局部抗战兴起，历经1937年七七事变全国抗战爆发，发展至1945年抗日战争最后胜利。

抗战精神是抗战文化的核心内容，是中国人民弥足珍贵的精神财富，是赢得抗战胜利的决定性因素和强大动力。九一八事变后，在民族危亡关头，包括沈阳在内的一大批东北勇士以民族大义为重，共赴国难，拉开中国抗战的雄伟大幕，显现了具有反帝反封建光荣传统的东北人民以爱国主义为根基和动力砥砺奋起的伟大抗战精神——天下兴亡、匹夫有责的爱国情怀；视死如归、宁死不屈的民族气节；不畏强暴、血战到底的英雄气概；百折不挠、坚忍不拔的必胜信念。同时写下惊天地、泣鬼神的爱国主义恢宏诗篇。由此看来，在推动抗战文化的兴起和发展中，沈阳作为坐标原点和历史起点，具有巨大价值。在14年抗战中，沈阳彪炳着英雄城市的光辉形象，彰显着勇于担当的大无畏精神，谱写了气壮山河的铁血战曲，铸就了抗战文化名城的历史辉煌。

血肉筑长城：《义勇军进行曲》蕴含的文化力量。历史表明，1931年九一八事变后，中国抗战从沈阳（东北）开始，首先揭起抗战旗帜的是东北抗日义勇军。在中国共产党领导、协助和影响下，以东北各阶层民众和一部分爱国官兵为基础组织起来的东北抗日义勇军是最早奋起从事武装抗日斗争的先驱，有力打击了日本侵略者气焰。

由田汉作词、聂耳作曲的《义勇军进行曲》，被称为中华民族解放的号角，自 1935 年在民族危亡关头诞生以来，对激励中国人民的爱国主义精神起了巨大作用，后成为中华人民共和国国歌。《义勇军进行曲》是中华民族之魂、中华民族文化瑰宝，蕴含的精神力量和文化力量是巨大的。《义勇军进行曲》的创作素材正是从沈阳（东北）兴起的东北抗日义勇军的爱国壮举。东北抗日义勇军用中华民族不屈外侮的血肉之躯、忠勇报国的昂然魂魄，孕育了《义勇军进行曲》的雄壮主题和激越旋律。

《义勇军进行曲》歌词蕴含着田汉多年来尤其是九一八事变以来的历史感受，最可贵的是危机意识。没有危机意识的民族是无望亦无救的。田汉生于 1898 年，这一年戊戌变法失败，此后中华民族一直处于危急关头。从辛亥革命、五四运动、北伐战争，直到九一八以来全国风起云涌的抗日热潮……田汉都经历了，深深的民族危机感系在他的心头。歌词的另一个精神支点是自卫、自救意识。认识自卫、自救是思想上的觉醒，更重要的是要变成全民族的行动，田汉将这一意识成功地诗化在"长城"形象中，"把我们的血肉筑成我们新的长城"。他将抗日救国之情高度浓缩、高度抽象、高度升华，打造成超越时空的凝聚力。

聂耳着手《义勇军进行曲》音乐创作时，田汉已经被捕入狱，两人不可能促膝交流，但正是缘于两人志同道合的情谊，聂耳对田汉的民族危机感、自救意识感同身受。因此，他深刻地理解并准确地开拓了歌词的主题和内涵。

《义勇军进行曲》通过赞颂站在抗日最前线的东北抗日义勇军将士，向处于"最危险的时候"的中华民族，发出"我们万众一心，冒着敌人的炮火前进"的呼喊，表现了中华民族不屈不挠的战斗精神，并激励和鼓舞中国人民争取自由解放的斗志和信心。《义勇军进行曲》一经传播，就像一根导火索，点燃了深藏在中国广大民众心中的爱国烈焰，并似火山一样喷涌而出，汇成抗日救亡的辽阔海洋。

中国共产党人书写抗战文化壮丽篇章。毛泽东在《新民主主义论》中指出："新民主主义的文化是民族的。它是反对帝国主义压迫，主张中华民族的尊严和独立的……我们的文化是革命的民族文化。"作为中国工人阶级先锋队同时又是中国人民和中华民族先锋队的中国共产党，在引领先进文化前进方向的实践中，必须立足中华民族的伟大革命、伟大斗争、伟大奋斗。

中国共产党的中流砥柱作用是中国抗战胜利的关键，是抗战文化发展的决定力量。在抗战中，中国共产党以实现民族解放和复兴为己任，坚定捍卫民族利益，坚决反抗外来侵略，挺起全民族救亡图存脊梁，引领夺取战争胜利的正确方向，成为夺取战争胜利的民族先锋；引领抗战文化的前进方向，成为抗战文化结出累累硕果的坚强领导。

中共满洲省委是中国共产党在新民主主义革命时期建立的统一领导东北地区革命斗争的地方组织。1931 年 9 月 19 日，九一八事变爆发的第二天，战斗在反日斗争最前线——沈阳（东北地区）的中共满洲省委发表第一篇抗日宣言——《为日本帝国主义武装占领满洲宣言》，义正词严地痛斥日本帝国主义的强盗行径，并强烈鞭挞国民党的卖国投降政策。提出："只有工农兵劳苦群众自己的武装军队，是真正反对帝国主义的力量。只有在共产党领导之下，才能将帝国主义驱出中国。"东北抗日义勇军兴起后，中共满洲省委派出许多骨干到义勇军中开展工作，并着手建立直接领导的游击队。

中共满洲省委在残酷、复杂、险恶的环境中，坚持领导东北军民的抗日斗争。一大批共产党员在斗争中经受了锻炼和考验，杨靖宇、赵尚志、周保中、李兆麟、冯仲云、赵一曼等是其中的优秀代表。他们在国家主权和领土被践踏和侵占之时，毅然决然挺身而出，毁家纾难、舍身报国，不惜牺牲小我，舍弃家庭、事业、学业，为了民族利益和民族解放不怕流血牺牲，向世人展现出无比坚定的共产主义信念、光彩照人的革命品格和坚不可摧的革命意志、崇高的民族气节。他们不愧为中华民族的精英和典范。他们身上凝聚的以爱国主义为核心的民族精神正是抗战文化的集中体现，是对抗战文化的有力诠释。九一八事变后，以沈阳为节点、基点，从东北地区向全国扩展，中国共产党人引领抗战文化汇入全国抗战滚滚洪流，成为陷日本侵略者于汪洋大海的磅礴文化力量，推动中华民族朝着解放和复兴的光辉大道砥砺前行，并最终取得伟大胜利。

多年来，沈阳"九·一八"历史博物馆及其他抗战遗址遗迹，在传播抗战文化、赓续抗战文化等方面影响深远。从 1991 年开始，"九·一八"历史博物馆以"收藏历史记忆，展示历史真相"为己任，年接待观众达 100 万人次，成为对广大民众进行爱国主义教育、举办重大抗战纪念活动的重要场所。自 1999 年起，每年的 9 月 18 日，社会各界都在这里举行"勿忘'九一八'撞钟鸣警"仪式。届时将撞响 14 下警钟，沈阳全城拉起防空警报，以警示世人勿忘国耻，避免历史悲剧重演。

2017 年 5 月，在沈阳市文广局、文物局倡导下，以"九·一八"历史博物馆为龙头，由覆盖辽沈、辐射东北的 12 家抗战主题博物馆、纪念馆组成"沈阳抗战联线"。"沈阳抗战联线"成立后，策划组织了以抗战历史、抗战文化、抗战精神为主要内容的学术会议和图书出版；进行抗战遗址遗迹调查研究及保护利用；开展巡展、游学、公益骑行、绘画大赛、邮票首发等系列活动，有效整合及挖掘辽沈地区丰厚抗战文化资源，打造共享体系，取得良好社会效益。2019 年，"沈阳抗战联线"获评"全国革命文物保护利用十佳案例"，成为影响全国的博物馆活动品牌。2020 年，又有 3 家博物馆加入"沈阳抗战联线"，极大地彰显其文化品牌魅力，进一步提升了沈阳历史文化名城知名度。

2019 年 7 月，由沈阳市委宣传部等主办的首届"沈阳抗战文化之旅"在"九·一八"历史博物馆启动。活动依托"九·一八"历史博物馆等遗址遗迹，通过设计精品旅游体验线路及"网红打卡地"，宣讲抗战故事，将文化融入体验、以体验感受文化，实现以文化人、以文育人。使广大群众充分领略了沈阳抗战文化内涵，受到沈阳抗战文化深深洗礼。

2020 年 5 月，"九·一八"历史博物馆承办的《沈阳抗战文化之旅——"沈阳抗战联线"联展》面向公众展出。通过精心制作"沈阳抗战联线"地图，为公众走进抗战文化之旅、共享抗战文化资源提供有力指引。此次活动是将抗战历史文化传播好、抗战精神宣传弘扬好、抗战遗址遗迹保护利用好的重要举措，对实现新时代文化发展新使命作出了积极贡献。

棋盘山景色四季秀美，浑河两岸风光旖旎。历史的天空记忆悠远，时间的长河奔腾不息。沈阳这座历史文化名城，在今后宣传、赓续、弘扬抗战文化的新征程中，一定会更加流光溢彩。

附录

<h1 style="text-align:center">近十年来中国学术界
关于九一八事变问题的研究综述</h1>

　　1931 年爆发的九一八事变是日本蓄意制造并发动的侵华战争，是日本帝国主义侵华的开端。九一八事变是中国人民抗日战争史研究的一项重要课题。2023 年是九一八事变爆发 92 周年。近十年来，国内学术界围绕国共两党与九一八事变、九一八事变前后日本侵华的领域和手段、九一八事变的爆发原因和背景、九一八事变对中国政治与社会领域的影响、近代传媒对九一八事变的报道、国际社会与九一八事变等方面展开了多维和深入探索，彰显了专家学者对九一八事变问题研究的基本着力点和重要关切点，进一步推进、拓展了关于九一八事变问题的相关研究。进一步来说，此前，国内学术界围绕九一八事变问题展开了多种维度和视角的考察，产生了很多争鸣和观点。尤其是近十年来，不论是在国家领导人的讲话中，还是在教育部对历史教材的修订中，都全面落实了"十四年抗战概念"，这使得九一八事变作为中国人民抗日战争的起点和世界反法西斯战争的序幕这一历史节点意义得到了更大的凸显和重视，也再次掀起了国内各领域专家学者对于该专题的研究热潮。全面梳理和分析近十年来国内学术界关于该专题的研究成果，发现尽管相关

论著层出不穷，但却缺乏深入细致的学术回顾和梳理。由此，关于九一八事变问题的研究，应该从以下几个方面加以深化和推进：打破九一八事变研究的失衡局面，促进九一八事变的整体性综合性研究；加强九一八事变相关史料的挖掘和整理，增强关于九一八事变的研究动力；深化九一八事变微观研究，不断加强中日学者间的对话与变流；拓宽九一八事变研究视域，更好地回应现实、关照问题、启示未来。

一、关于九一八事变问题研究的相关著作

近十年来，为深入开展九一八事变问题相关历史研究，国内学术界在九一八事变相关史料的收集、整理和研究方面取得了相当的成绩。尤其是对一些首次刊出的档案文献的整理和出版，不仅形成了史料挖掘和整理方面的最新成果，也为接下来的相关研究提供了最新的第一手史料，为九一八事变问题的进一步研究奠定了重要基础、注入了新的动力。比较具有代表性的有：《日本侵华密电·九一八事变》比较全面地收录了日本发动九一八事变期间日本军部和外务省等内阁主要部门的近万封电报，是日本发动九一八事变的原始档案。① 《九一八事变机密军事档案·关东军卷一》收录了560余份日本关东军在九一八事变发生后的机密军事档案，基本覆盖从1931年9月至1936年5月间的日本关东军、日本陆军省和陆军参谋本部之间的战斗详报与军事装备、预算以及作战命令、相关情报等的全

① 汤重南主编：《日本侵华密电·九一八事变》，线装书局2015年版。

部内容。①《九一八事变前日本在奉天的侵略活动档案汇编》真实记录了九一八事变前日本军人、特务在奉天地区的侵略活动，揭露了九一八事变是日本蓄谋已久的侵略行径。②《满铁档案资料汇编》多方收集"满铁"遗存文献资料，其中，第十三卷《满铁附属地与"九一八"事变》围绕"满铁"全面参与九一八事变问题展开了详细论述。③《抗日战争战时报告初编》将 1931 至 1945 年间出版的战时书籍加以重新编纂，深刻复制再现了抗日战争战时记述。④《张学良口述历史（访谈实录）》内容涉及政治、经济、军事、社会、文化、历史等诸方面，不仅涵盖张学良一生，还涉及许多政治人物和历史当事人，对许多事件、人物、问题进行了评论，表达了晚年张学良对自己一生以及国家、民族历史的总结性认识。⑤《亲历"九一八"》以口述实录的形式整理了对参加抗日战争老兵的采访，是研究"九一八"历史的珍贵口述史资料。⑥

　　另一方面，国内学术界以发掘与整理的翔实史料为基础，出版了一系列研究性的著作。如，《铭记与警示——九一八国难下的沈阳》以沈阳为基点，对日本侵华的源流、九一八事变的背景和爆发的过程、

---

　　① 范丽红主编：《九一八事变机密军事档案·关东军卷一》，线装书局 2018 年版。

　　② 沈阳市档案馆编：《九一八事变前日本在奉天的侵略活动档案汇编》，沈阳出版社 2018 年版。

　　③ 解学诗主编：《满铁档案资料汇编》，社会科学文献出版社 2011 年版。

　　④ 杨奎松主编：《抗日战争战时报告·初编》，上海三联书店 2015 年版。

　　⑤《张学良口述历史（访谈实录）》，当代中国出版社 2014 年版。

　　⑥ 方军著：《亲历"九一八"》，九州出版社 2014 年版。

中国的惨重损失和中国人民的顽强抵抗进行了解读和论证①。《满铁与国联调查团研究》从"满铁"与国联调查团关系的视角出发，通过分析九一八事变爆发后国联调查团来华调查期间"满铁"的活动，揭示了"满铁"在日本侵华战争中的地位和作用②。《九一八的背后》通过分析石原莞尔、张学良、蒋介石和斯大林在九一八事变中的所作所为探究九一八事变的真相③。《九一八事变期间中国、日本与国联的交涉》考察了中日两国对九一八事变的应对和国联调处中日冲突等内容④。此外，还有专家学者从其他角度展开九一八事变问题研究，形成了丰硕的学术著作成果⑤。

二、关于九一八事变问题研究的主要视角及重要观点

（一）关于国共两党与九一八事变

1. 中国共产党进行抗日斗争之积极应对。九一八事变发生后，国共两党所采取的应对措施是近十年来学术界研究最为广泛的领域。其中，中国共产党率先发表抗日宣言，领导东北抗日联军等抗日武装，在抗战中发挥了中流砥柱作用，这是学术界的共鸣。纵观近十

①孟悦著：《铭记与警示——"九一八"国难下的沈阳》，辽宁教育出版社2015年版。

②武向平著：《满铁与国联调查团研究》，社会科学文献出版社2015年版。

③孟涣著：《九一八的背后》，经济日报出版社2012年版。

④崔海波著：《九一八事变期间中国、日本与国联的交涉》，吉林大学出版社2016年版。

⑤其他相关著作：张民巍著：《柳条湖枪声："九一八"事变始末》，吉林文史出版社2011年版；李人载著：《国难来袭："九一八"延续的记忆》，中国友谊出版公司2015年版；赵锡金：《"九一八"事变策源地——旅顺日本关东军司令部》，大连出版社2011年版。

年来的研究成果，学术界围绕中国共产党对九一八事变的应对以及中国共产党的抗日策略、中国共产党领导的东北抗战和中国共产党对国联的态度等方面展开了多维探讨。从宏观角度而言，张静等综合探究了九一八事变后中国共产党领导的东北抗战的战略决策、时代影响和历史经验问题①。李少军利用日本侵略者的相关文献，佐证了中国共产党在九一八事变后是东北抗战的主要发动者和领导者，广泛发起并有力领导了抗日民族统一战线，进而在1937军七七事变爆发后促成了全面抗战的局面②。从微观维度来看，陶祺谌重点考察了九一八事变后中国共产党的抗日斗争策略③。李世钊围绕思想、组织和军事斗争等方面分析了中国共产党在东北抗战中所发挥的重要作用④。洪岚重点考察了九一八事变后中国共产党对国联调处中日争端的反响⑤。李晨升深入探析了九一八事变后中国共产党对民族复兴的实践与思考⑥。

2.南京国民政府坚持"不抵抗"之消极应对。九一八事变后，

---

① 张静、刘文佳：《中国共产党与东北地区的抗日斗争——以"九一八"事变为起点》，《南开学报》（哲学社会科学版），2015第4期。

② 李少军：《中国共产党发动和领导抗战伟业的历史见证——抗战时期日本侵略者相关文献考察》，《党的文献》，2015年第4期。

③ 陶祺谌：《九一八事变后中共反日统一战线策略在东北的实践——结合日方观察的分析》，《党的文献》，2020年第3期。

④ 李世钊：《论中国共产党在东北抗战中的作用》，《"九一八"研究（第十五辑）》，沈阳：辽宁人民出版社2016年出版，第253—260页。

⑤ 洪岚：《九一八事变与中共对国联调处中日争端的反响》，《"九一八"研究（第十七辑）》，沈阳：辽宁人民出版社2018年出版，第11—20页。

⑥ 李晨升：《"九一八"事变后中国共产党对民族复兴的实践与思考》，《中共南昌市委党校学报》，2015年第2期。

南京国民政府的应对政策主要可以概括为两点，一是不抵抗政策，二是诉诸国联政策。关于不抵抗政策的研究始终是学术界的一大热点，近十年来，学术界围绕不抵抗政策的研究在总体研究成果中依然占据较大比重。其研究视角主要集中在对"不抵抗"主要责任者的探究，对张学良、蒋介石不抵抗政策的单独考察和比较分析等。关于不抵抗政策的主要责任者，李方祥认为，虽然张学良对于"不抵抗"有责任，但是张学良的不抵抗行为是忠实地执行了蒋介石的"不抵抗主义"方针①。杨夏鸣则持相反观点，认为不抵抗的命令不是蒋介石而是张学良下达的②。关于张学良与不抵抗政策的研究，胡玉海重点考察了张学良与不抵抗主义的关系问题③。李东朗则分析了张学良下达不抵抗命令的原因，并指出，不抵抗、诉之国联是国民党当局应对日本侵略东北的基本方针④。关于蒋介石与不抵抗政策，洪岚考察了蒋介石从"全力剿共，不计其他"到"暂缓剿共，对日不抵抗"的心路历程，并指出，坚持"剿共"是蒋介石实行对日不抵抗政策的根本原因⑤。关于张学良与蒋介石不抵抗政策的比较分析，范丽红

---

① 李方祥：《正确区分"九一八"事变前后蒋介石与张学良的两种"不抵抗主义"》，《思想理论教育导刊》，2015 年第 11 期。

② 杨夏鸣：《美国外交文件中有关"九一八"事件的一组电报》，《民国档案》，2012 年第 1 期。

③ 胡玉海：《张学良与"九一八"不抵抗主义》，台湾《东亚论坛》，第 473 期，2011 年。

④ 李东朗：《张学良、蒋介石与"九一八"事变时的不抵抗主义——基于张学良回忆的讨论》，《史学集刊》，2017 年第 1 期。

⑤ 洪岚：《从日记看蒋介石处理"武力剿共"与"军事扰日"关系的心路历程——以九·一八事变为中心的考察》，《华南师范大学学报》（社会科学版），2016 年第 2 期。

通过比较分析张学良和蒋介石关于九一八事变后对日策略的异同指出，他们策略的基点始终没有超越"不抵抗"的范畴①。此外，学术界还对九一八事变后南京国民政府采取的"诉诸国联"政策进行了分析和评价。有学者持肯定态度，季宁认为，虽然诉诸国联未能达到牵制日本的预期效果，但是借助国联平台让世界了解了日本的侵略野心，赢得了国际同情②。通过以上内容可以看出，国共两党对九一八事变采取了截然不同的态度，中国共产党率先发出抗日主张，而南京国民政府始终坚持"不抵抗"的消极应对，已经成为学界普遍认可的观点，而关于"不抵抗"的原因和评价，学术界众说纷纭，但不可否认的是，"不抵抗"在一定程度上助长了日本的嚣张气焰，也助推了日本侵华进程。

（二）关于九一八事变前后日本侵华的领域和手段

1.利用"满铁"实施情报收集、舆论宣传和资源掠夺。"满铁"作为一个特殊机构，是日本侵华的排头兵。近十年来，学术界围绕"满铁"对九一八事变的策应和对日本侵华的全方位支持进行了深入考察。有学者从宏观层面考察了"满铁"对九一八事变的参与和配合。武向平深入分析了"满铁"在九一八事变中的具体活动，勾勒出"满铁"与日本关东军共同策划九一八事变的历史脉络，突出了"满铁"所扮演的总后勤部、兵站基地和情报部等角色③。王希亮亦综合分析

---

① 范丽红：《九一八事变后张学良与蒋介石应对策略的比较研究》，《中国国家博物馆馆刊》，2012年第1期。

② 季宁：《张学良将"九·一八"事变诉诸国联之外交举措原因分析》，《社科纵横》（新理论版），2013年第3期。

③ 武向平：《满铁与"九·一八"事变》，《日本问题研究》，2014年第2期。

了"满铁"对"九一八"事变的全方位策应①。还有的学者着力于微观视角，分别围绕"满铁"在九一八事变前后所进行的舆论宣传、情报调查和资源掠夺等侵略活动予以考察。武向平从"满洲青年联盟"入手，分析日本利用"满蒙问题"的舆论宣传，为发动九一八事变寻找"合理"借口②。李娜探究了"满铁"情报调查在九一八事变前后从"国策调查"向"战事调查"的战略转变③。吴玲则考察了"满铁社员会"在九一八事变前后对日本关东军侵华的一系列配合和支持活动④。通过上述内容，我们清楚地看到，"满铁"在九一八事变前后全面涉足政治、军事和情报等领域，对九一八事变及日本全面侵华进行了全面配合和策应。

2. 掠夺经济资源。在日本侵华的诸多领域中，首要的是经济资源的掠夺。近十年来，国内学术界围绕日本对中国东北金属矿业、煤炭、兵器工业、农业、林业等资源的掠夺进行了广泛探究。李雨桐探讨了九一八事变前日本对中国东北煤炭资源的调查及掠夺情况，揭露了日本对中国煤炭资源的掠夺是带有军事侵略性质的经济掠夺，是为对外军事侵略所服务的⑤。孙瑜探究了九一八事变后日本对中国

---

①　王希亮：《满铁及日本民间势力对"九一八"事变的策动》，《社会科学战线》，2015年第8期。

②　武向平：《"满洲青年联盟"与"满蒙问题"》，《社会科学战线》，2014年第4期。

③　李娜：《满铁情报调查在九一八事变前后的战略性演变》，《社会科学战线》，2014年第10期。

④　吴玲：《满铁社员会与日本对华侵略》，《学术交流》，2020年第9期。

⑤　李雨桐：《"九一八"事变前日本对东北煤炭的觊觎》，《外围问题研究》，2014年第2期。

东北有色金属矿业的掠夺[1]，以及日本对东北兵器工业的全面控制和掠夺[2]。于耀洲梳理了日本强占东北海关，进而使东北成为其原料产地和商品市场的历史过程[3]。还有学者针对日本对中国东北某一地区的经济资源掠夺情况进行分析，杨帆全面考察了 1905 至 1945 年期间日本对中国东边道地区经济资源的掠夺情况[4]。从以上内容可以看出，九一八事变前后，日本对中国东北的多种经济资源进行了疯狂掠夺，全面控制了东北的经济命脉，为全面侵华战争奠定了重要的物质基础。

3. 实行奴化教育。九一八事变后，日本在中国推行的殖民奴化教育也是近十年来学界研究的重要内容之一。有学者从宏观视角全面考察日本在九一八事变后在中国所实行的奴化教育，李广等人通过分析伪满奴化教育的客观史实揭露其隐秘逻辑，并在此基础上总结了伪满奴化教育的历史警示意义[5]。胡庆祝探究了东北沦陷时期日本奴化教育的机构、措施及其危害，深入分析日本对东北的教育侵

① 孙瑜：《九一八事变后日本对中国东北有色金属矿业的掠夺》，《学术交流》，2016 年第 9 期。

② 孙瑜：《沦陷时期日本对中国东北兵器工业的控制与掠夺》，《军事历史研究》，2018 年第 6 期。

③ 于耀洲：《九一八事变后日本对东北海关的强占与东北贸易的变化》，《学习与探索》，2013 年第 6 期。

④ 杨帆：《日本对东边道地区经济资源掠夺研究（1905—1945）》，博士学位论文，东北师范大学 2018 年。

⑤ 李广、杨俊丽：《伪满奴化教育：客观史实、隐秘逻辑与历史警示》，《东北师大学报》（哲学社会科学版），2020 年第 1 期。

略①。从微观研究视角来看，谢忠宇考察了"满铁"附属地日语学堂的教育法规和实际发展状况，揭示了其实施教育侵略的本质②。李延坤详细阐释了日本对"关东州"实行殖民奴化教育的主要策略和制度③。王香等人重点考察了伪满时期警察训化这一殖民教育的特殊类型④。通过以上分析可知，日本实行的奴化教育是一场旨在泯灭中国人民民族意识与反抗精神的摧残教育，是一种精神侵略和教育侵略，是日本侵华的重要领域之一。

4.其他领域的侵略。除了上述内容以外，近十年来，学术界还就日本推行的鸦片政策及舆论、学术、文艺、移民和军事侵略等问题展开了广泛研究。赵朗对九一八事变前日本在辽宁地区的鸦片走私活动进行全面考察⑤。孙志鹏探究了九一八事变后日本文化事业部实施的"研究助成"项目，其实质是借研究之名论证侵略中国的合理性，是一种学术侵略⑥。许金生在阐述九一八事变后日本华北"开发"政策的基础上，重点考察了"东方文化事业"新事业，其实质

① 胡庆祝：《东北沦陷时期日本奴化教育及其危害》，《学术交流》，2012年第2期。

② 谢忠宇：《"九一八"事变前满铁附属地日本语职业教育述评》，《东北师大学报》(哲学社会科学版)，2014年第6期。

③ 李延坤：《"关东州"的殖民文化研究——以日语教育为中心》，《东北亚论坛》，2012年第2期。

④ 王香、张洪玮：《伪满洲国警察训化体系探析》，《长白学刊》，2018年第4期。

⑤ 赵朗：《"以毒养战"：九一八事变前日本在东北实施的鸦片战略——以在辽宁的鸦片走私活动为中心》，《学习与探索》，2012年第10期。

⑥ 孙志鹏：《九一八事变前后日本对中国东北的学术侵略述论》，《社会科学战线》，2020年第6期。

是经济"开发"事业，直接为日本经济扩张政策服务①。焦丽等人全面考察了东北沦陷时期的日伪办报活动，揭示日伪当局通过实施报业管理体系推行殖民地文化统治②。综上所述，九一八事变前后日本侵华领域涵盖了军事、政治、经济和文化等方方面面，这些侵略渗透活动随着学术界研究的深入而更加清晰可见，呈现出日本侵华历史全景，成为日本右翼势力无法抹灭的侵华铁证。

（三）关于九一八事变的爆发原因和历史背景

近十年来，学术界围绕九一八事变爆发的原因和历史背景，主要呈现以下几种观点，即民族主义相互对决而引发、东北人民对日本的抵制而引发、日本构建强势地位而引发、中国的分裂而引发。张万杰认为，九一八事变是中日两国民族主义相互对决的产物③。还指出，张学良所实行的"东北新建设"和对东北人民抗日救亡斗争的支持引起了日本的极大恐慌，在这一背景下，日本以"中国官民共同排日"致使"满蒙危机"为借口之一，发动九一八事变④。李淑娟等人全面分析了九一八事变爆发前日本在中国东北通过一系列经济与政治殖民活动而构建强势地位，为发动九一八事变铺垫了基

①　许金生：《九一八事变后日本的对华政策与"东方文化事业"》，《民国档案》，2020 年第 2 期。
②　焦丽、张旗、刘莉：《东北沦陷时期的日伪办报活动综述》、《北方文物》，2014 年第 1 期。
③　张万杰：《从民族主义的视角看九一八事变的起因》，《理论学刊》，2011 年第 8 期。
④　张万杰：《九一八事变前张学良对日抵制政策探析——兼论九一八事变爆发的背景》，《东北师大学报》（哲学社会科学版），2012 年第 5 期。

石①。杨永利则认为，中国的分裂是日本发动侵华战争的重要原因与内容，也是九一八事变发生的重要因素②。由以上分析可以看出，九一八事变的爆发存在一定的历史必然性，即日本在前期开展的不论是舆论上还是经济上的殖民侵略活动都为九一八事变奠定了一定的基础，这也得到了学术界的普遍认可。

（四）关于九一八事变对中国政治与社会领域的影响

九一八事变对中国社会发展所产生的影响是深刻而广泛的，不仅表现在政治、军事、经济、文化等方面的发展变化上，还体现在社会心理、革命意识等方面的整合演进上，是近十年来学界研究的一大热点。九一八事变引发了中国知识界对于民族复兴的热烈讨论，成为近十年来学术界研究比较集中的一个方面。其中，郑大华考察了九一八事变后"中华民族复兴"思潮的形成，并全面分析了中国学术界如何利用学术研究积极服务于民族复兴③。此外，学术界还对九一八事变所引发的知识分子对于其他问题的思考和实践加以研究，焦润明称中国知识界对日本侵华谬论进行了驳斥，并提出"文化抗战"概念，同时分析了其在凝聚抗日共识等方面的积极作用④。石岩探析了东北地区先进知识分子对日斗争的历程与特点，经历了从实

① 李淑娟、王希亮：《九一八事变前日本在中国东北强势地位的构建及其影响》，《历史研究》，2014 年第 6 期。

② 杨永利：《"九·一八"事变的历史背景与国共两党的抗日态度》，《人民论坛》，2013 年第 29 期。

③ 郑大华：《学术研究如何服务于民族复兴——九一八事变后的中国学术界》，《史学月刊》，2018 年第 10 期。

④ 焦润明：《九一八后中国知识界驳斥日本侵华谬论考》，《学术交流》，2015 年第 9 期。

业救国和宣传教育救国到投身革命运动的质的转变①。张树军考察了知识界关于政府改革的思考和建议②。喻春梅等人分析了九一八事变后中国知识界对"战"与"和"的不同抉择及其原因③。马克锋等人以中国知识界对中国的现实政治、历史传统及固有文化的反省为研究重点，进一步探讨了九一八事变影响的深度与广度④。

　　九一八事变后，中国社会各阶层开展了广泛的抗日救亡运动。近十年来，学术界对九一八事变后中国学生群体的抗日救亡运动进行了多番研究。陈廷湘综合分析了九一八事变后学生运动的样态及其成因⑤。韩成则以上海光华大学为例进行个案研究，凸显了私立学校抗日救亡运动的特点⑥。张德明等人考察了华北基督教学校师生的抗日救亡运动⑦，还探究了燕京大学对九一八事变的反应，彰显了教会学校的民族主义情怀⑧。也有学者研究了九一八事变后海外华人群

---

① 石岩：《从反日爱国到抗日救亡——九一八事变前后东北先进知识分子对日斗争的历程与特点》，《中国国家博物馆馆刊》，2015 年第 2 期。

② 张树军：《效率与基础并重："九一八"事变后知识界关于政府改革的思考》，《社会科学辑刊》，2014 年第 1 期。

③ 喻春梅、郑大华：《"九一八"后知识界对"战"与"和"的不同抉择——以〈东方杂志〉和〈独立评论〉学人为中心的考察》，《史学月刊》，2013 年第 1 期。

④ 马克锋、金智荣；《九一八事变后中国知识界对民族文化的自我反省》，《安徽大学学报》（哲学社会科学版），2015 年第 2 期。

⑤ 陈廷湘：《政局动荡与学潮起落——九一八事变后学生运动的样态及成因》，《历史研究》，2011 年第 1 期。

⑥ 韩成：《九一八事变后的学生抗日救国运动——以上海光华大学为中心》，《日本侵华南京大屠杀研究》，2018 年第 4 期。

⑦ 张德明、苏明强：《教会学校与民族主义：华北基督教学校抗日救亡运动探析（1931—1937）》，《福建论坛》（人文社会科学版），2015 年第 11 期。

⑧ 张德明：《燕京大学对"九一八事变"的反应》，《党史研究与教学》，2013 年第 2 期。

体的抗日活动。马良玉分析了华美协进社在争取国际援助、筹集资金援助战时困难留学生，培育战时急需人才，以及争取美国对华援助等方面作出的重要贡献①。此外，还有学者从不同的微观维度考察了九一八事变对中国社会的影响。吴明刚分析了九一八事变对中国革命局势发展的影响②。王凤青探究了九一八事变对中华民族复兴的历史进程所起到的积极推动作用③。王敬荣则指出，九一八事变引发了中国各种政治力量的重新组合，从一定意义上影响到中国的历史发展进程④。

（五）关于近代传媒对于九一八事变的报道

近十年来，近代传媒对九一八事变的报道算得上是学术界研究的一大热点。相比此前而言，这一领域的研究广度有所拓展，研究对象既有机关刊物，也有民办刊物，既有中国媒体，也有外国媒体，还有一些华侨报刊，等等。王平探讨了《申报》的相关报道在抗日救亡运动中所发挥的积极作用⑤。马彬分析了《益世报》的对日言论和报道及其政治立场⑥。樊亚平等人梳理了《中央日报》对日问题的

---

① 马良玉：《华美协进社的抗日爱国活动》，《学术交流》，2016 年第 8 期。

② 吴明刚：《九一八事变对中国革命局势发展的影响》，《福建党史月刊》，2015 年第 12 期。

③ 王凤青：《"九一八"事变的影响与中华民族复兴的历史进程》，《东岳论丛》，2019 年第 5 期。

④ 王敬荣：《试析九一八事变后中国政治力量的重组》，《学术交流》，2014 年第 2 期。

⑤ 王平：《论〈申报〉对"九一八"事变后民族意识觉醒的报道》，《新闻战线》，2015 年第 2 期。

⑥ 马彬：《九一八事变后〈益世报〉的对日舆论》，《首都师范大学学报》（社会科学版），2011 年增刊。

相关报道，并指出，国民党对于不抵抗政策的宣传经历了从被动应对到走向失败的过程①。李玉敏考究了《盛京时报》对于九一八事变的相关报道，揭示其从舆论上为日本侵略行径进行辩解的意图②。阎瑾等人指出，《纽约时报》对九一八事变的报道节奏多跟从于政府的反应，经历了一个从冷眼旁观到适度介入的过程，对日本的侵略行为容忍成分居多③。史桂芳考察了日本媒体在九一八事变后发表的煽动性报道，认为这些报道是日本国内形成战争狂热的最直接原因④。由此不难看出，关于近代传媒对于九一八事变的报道研究逐渐成为该领域的一个新的学术增长点⑤。

同时也可以看出，近代传媒对于九一八事变的报道受制于自身政治立场的局限，在相关报道中可能有失偏狭，还需要站在客观的角度加以评判和借鉴。

① 樊亚平、郝小书：《"九一八"事变后〈中央日报〉对不抵抗主义的宣传》，《新闻记者》，2019 年第 4 期。

② 李玉敏：《〈盛京时报〉关于"九一八"事变报道评析》，《中国国家博物馆馆刊》，2012 年第 3 期。

③ 阎瑾、熊沛彪：《从九一八事变到七七事变期间的〈纽约时报〉》，《湖南科技大学学报》（社会科学版），2018 年第 1 期。

④ 史桂芳：《九一八事变后日本国内的新闻报道与战争狂热》，《学术交流》，2016 年第 9 期。

⑤ 其他相关的研究成果还有：郑非：《九一八事变前后三大民营报纸的政治倾向》，《青年记者》，2010 年第 2 期；王翠荣：《"九一八"事变前后〈国际协报〉的社评》，《新闻爱好者》，2010 年第 10 期；赵佳鹏、刘继忠：《〈中央日报〉九一八事变报道的纠葛与波折——兼论〈中央日报〉1932 年改革》，《新闻春秋》，2019 年第 4 期；姜明、刘爱君：《战火硝烟中的〈盛京时报〉——以"九一八事变"的报道为中心》，《大连大学学报》，2014 年第 4 期；屠般力：《〈东方杂志〉的对日态度及其抗战文艺》，《西南民族大学学报》（人文社科版），2015 年第 10 期。

（六）关于国际社会与九一八事变

1.英、美、苏大国对九一八事变的因应出于自身利益的考虑。近十年来，学术界借助国内外相关史料，对于国际社会对九一八事变的态度展开了广泛研究。整体而言，英、美、苏几个大国对九一八事变的态度建立在对其自身利益的考虑。关于英国对九一八事变的态度。周勇等人通过对英国内阁文件的解读，考察了九一八事变后英国在远东政策上以利益为取向所采取的选择性的应对策略①。于磊等人指出，九一八事变后英国对日绥靖政策源自第一次世界大战后英国整体实力的下降及其在中国东北的利益远比日本为低②。关于美国对九一八事变的反应。马永等人梳理并探究了九一八事变后美国从实行静观政策到采取两面外交再到出台史汀生"不承认主义"的历史过程及其背后的深刻原因，并指出，美国在中日问题上的策略首先考虑的是自身利益③。耿密分析了九一八事变后美国远东政策的双重特征④。关于苏联对九一八事变的因应。沙青青指出，由于受制于国际层面的大背景和苏联当时已逐渐成形的外交模式，再加上情报缺失、预判失误等历史细节因素，致使苏联在九一八事

---

① 周勇、耿密：《利益依归：九一八事变后，英国远东政策演变（1931—1933）——以英国内阁文件为中心的分析》，《东北师大学报》（哲学社会科学版），2015 年第 1 期。

② 于磊、温荣刚：《"九·一八"事变后英国对日绥靖及其本质探究》，《渤海大学学报》（哲学社会科学版），2015 年第 4 期。

③ 马永、王勇：《"九·一八"事变后美国政府的外交选择》，《山西大同大学学报》（社会科学版），2019 年第 5 期。

④ 耿密：《进退失据："九一八"事变后美国对日本侵华的反应（1931-1933）》，《西南大学学报》（社会科学版），2015 年第 3 期。

变后采取了"不干预政策"①。还有学者专门针对这几个大国对成立国联调查团的态度进行考察,陈海懿深入解构了美国从"反对调查团派遣"到"利导调查团产生"的转变过程②,还研究了英国在国联调查团组建过程中的立场上所存在的摇摆现象及其原因③。

2.国际联盟对于九一八事变采取对日妥协的绥靖政策。近十年来,学术界还就国际联盟对九一八事变的调查和处理进行了多番探讨。魏鹏对国联调查活动的时间、内容和态度进行考察和分析,揭示了国联对日妥协的绥靖政策④。赵岚分析了国联对日政策的演变过程,并指出其未能阻止日本行动的主要原因在于始终停留在"不承认"政策阶段⑤。陈海懿通过分析九一八事变后中立观察员的派遣指出,其缓解了国联获取实地信息的压力,是国联调查团的预演⑥。此外,学术界还针对《李顿报告书》展开了探讨。赵欣详细考察了《李顿报告书》的出台过程及其影响,认为李顿调查团及其报告书虽未从根本上遏制日本侵华的脚步,但仍然具有一定的开拓性意义和作

① 沙青青:《九一八事变前后苏联对日政策再解读》,《历史研究》,2010年第4期。

② 陈海懿:《九一八事变后美国的因应和国联调查团产生》,《民国档案》,2019年第4期。

③ 陈海懿、徐天螵:《九一八事变后的英国与国联调查团组建——基于英国档案文献的考察》,《史林》,2019年第4期。

④ 魏鹏:《"九·一八"事变后国联调查活动研究》,《学理论》2016年,第12期。

⑤ 赵岚:《"九·一八"事变后英国、国联对日政策演变》,《武汉大学学报》(人文科学版),2014年第5期。

⑥ 陈海懿:《国联调查团的预演:九一八事变后的中立观察员派遣》,《抗日战争研究》,2019年第2期。

用①。马永等人指出，《李顿报告书》提议"国际共管东北"方案实则是欧美列强意图染指东北利益，却因为日本退出国联而成为一纸废文②。通过对以上内容的分析，可以看出，国际社会对于九一八事变普遍采取了一种对日容忍的绥靖政策，采取这种政策的主要原因来自对自身利益的考虑，而这种不公正的态度和处理却成了日本迅速侵华的一大推手。

（七）关于争鸣与新观点

值得一提的是，近十年来，学术界还就九一八事变问题展开了学术争鸣与论辩，并提出了一些新观点。主要围绕以下几个问题，即九一八事变是否是中国抗日战争的开端、"九一八"抗战说法是否成立、"九一八"后的抗战是否属于全民抗战，等等。曾景忠研讨了中国抗日战争开端问题，他指出，九一八事变发生后的六年间，中日两国没有进入战争状态，"九一八"抗战起点说不能成立③。他还对"'九一八'抗战"的说法加以批驳，认为由于九一八事变发生时，东北军采取了不抵抗政策，因此，"九一八"不能与抗战联系在一起，"'九一八'抗战"的说法不能成立④。焦润明等人认为，"九一八"后的抗战属于"全民抗战"，即全民族抗战。不仅因为"九一八"后

---

① 赵欣：《试析〈李顿报告书〉的出台过程及其影响》，《东北师大学报》（哲学社会科学版），2016 年第 6 期。

② 马永、王勇：《"九·一八"事变后国联的反应》，《山西大同大学学报》（社会科学版），2017 年第 6 期。

③ 曾景忠：《中国抗日战争开端问题再研讨》，《社会科学战线》，2010 年第 4 期。

④ 曾景忠：《"'九一八'抗战"说评析》，《中国延安干部学院学报》，2019 年第 1 期。

的抗战内容涉及众多领域，而且代表了全体国人共同的抗战诉求，因此，不论是局部抗战还是全面抗战，都属于"全民抗战"①。董振平等人则指出，"十四年抗战"不是对"八年抗战"的否定，"八年抗战"着眼于抗战历史的阶段性，强调以政府参与为标识的全民族抗战，而"十四年抗战"则着眼于抗战历史的整体性，强调中华民族抗战的全过程，这是两个不同的历史概念②。

三、关于深化国内学术界对于九一八事变问题研究的几点粗浅思考和建议

综上所述，近十年来，中国学术界关于九一八事变问题的研究取得了长足的进步，研究范式呈现出多元化的趋势和特征，研究领域由军事逐渐向政治、经济、文化等方面拓展。毋庸置疑，研究成绩卓著且值得充分肯定。但是，我们也应该看到，学术界关于九一八事变问题的研究仍然存在进一步深化的空间。尤其是目前，国际上仍然存在一些对"九一八"历史的歪曲和否认，这就更增加了深入研究这段历史的必要性。

（一）打破九一八事变问题研究的失衡局面，促进九一八事变问题的整体性、综合性研究

目前，关于九一八事变问题研究中存在的一个明显问题，就是

---

① 焦润明、焦婕：《论"九一八"后的抗战即为"全民抗战"》，《社会科学战线》，2017年第5期。

② 董振平、董振娟：《"十四年抗战"经得起历史检验》，《思想理论教育》，2017年第4期。

研究失衡。在近十年来的研究成果中，关于"不抵抗"的研究呈现泛滥化、雷同化、碎片化的倾向，这种现象一方面导致出现了一些研究视角和观点相似的研究成果，在一定程度上使学术研究"停滞不前"；另一方面也带来了研究热点越来越热门，冷门领域越来越冷门的问题。在接下来的研究中，专家学者要敢于挑战对于一些冷门问题的研究。比如，日本社会对于九一八事变的因应是影响日本侵华进程的重要因素，但从目前来看，研究这一问题的成果不多。除了克服研究失衡问题以外，还要加强对九一八事变问题研究的宏观把握，将其放置于整个中国抗战史的背景下综合考察，只有这样，才能更好地推动九一八事变问题的整体性、综合性研究。

（二）进一步加强九一八事变相关史料的挖掘和整理工作，有效增强关于九一八事变问题的研究动力

纵观近十年来关于九一八事变问题的相关研究，可以发现研究成果在周年纪念的时间节点会凸显出高峰期，之后又会趋于平缓，成果较少，这反映出关于九一八事变问题的研究略显动力不足，且缺乏具有创新性的研究成果，这与史料不足有一定关系。目前，对日方资料和南京国民政府相关史料的整理还处于薄弱环节。未来，学术界应继续加强九一八事变问题相关史料的挖掘和整理工作，注重开展日方作战部队及当事人的原始档案和回忆录等资料的搜集和整理，包括日本关东军的相关资料、板垣征四郎等日本军官的回忆录，等等。此外，还应加大对英、法、美、苏（俄罗斯）等国家有关九一八事变资料的翻译整理力度，不断探寻新的研究切入点，为九一八事变问题的研究注入新的动力。

（三）深化关于九一八事变问题的微观研究，不断加强中日学者间的对话与交流

虽然目前关于九一八事变问题的研究已经取得了一些较为深入的研究成果，多元学科背景下的专家学者立足于不同的研究视角对九一八事变问题展开了剖析和探讨，对于有些问题已经达成了学术共识。但是仍有一些问题没有得到学术界的普遍认可。比如，九一八事变爆发的偶然性与必然性问题、南京国民政府应对九一八事变策略的原因及评价问题，再比如，1931 年 9 月 18 日当天的细节问题等，都需要学界进一步深入考察。如果这些问题得不到解答，就会掣肘关于九一八事变问题研究的整体性深入探讨，因此，有必要继续深化关于九一八事变问题的微观研究。同时，中日两国学者应该加强关于九一八事变研究的对话与交流，共同推进有关九一八事变具体问题的研究，从学术研究层面为更加准确地认识九一八事变提供历史依据。

（四）拓宽关于九一八事变问题研究视域，更好地回应现实、关照问题

从目前的研究来看，专家学者关于九一八事变问题的探讨大多禁锢在中国境域下。九一八事变不仅是中国人民抗日战争的起点，更揭开了世界反法西斯战争的序幕，是改变现代世界格局的历史节点。深化关于九一八事变问题研究的深度与广度，对拓宽关于九一八事变问题的研究视域提出了现实要求。比如，国联调查团委员及团长李顿的产生过程还需要学术界作进一步深入探究，这就需要实现国内到国外理论的转向，只有这样，才能不断架构和完善关

于九一八事变问题研究的理论体系，彰显九一八事变在世界反法西斯战争中的地位和意义。同时，在认真梳理、完整把握和全面研究九一八事变这一段历史的同时，专家学者还要特别注重现实、关照问题，特别是要深入总结九一八事变的历史教训，发掘九一八事变鉴今之价值，以更好地观照现实、服务未来。

后 记

本人从事中共历史、中共东北地方历史研究已有30多年时间。深耕历史田园，充满乐趣和憧憬。多年来，在研究东北抗日战争历史方面，有一定思考并小有收获。

今年恰逢九一八事变爆发92周年。九一八事变是中共东北地方历史研究中的一个重要问题，也是近现代世界历史研究中一个值得关注的问题。为了深入研究九一八事变及其相关问题，就自己的研究所得，通过思考、整理，从11个方面以专题研究形式书写出来。一方面是为了对自己多年的研究成果进行一定梳理和总结，为继续自己的学术研究提供助推力；另一方面也是为了求教于学术界，深入讨论九一八事变的有关问题，以获得真知灼见的批评指正。当然，本书论述的有关问题只是反映了九一八事变研究的些微之处，可谓管中窥豹；由于研究水平所限，有些内容可能存在偏颇甚至是错误之处。尽管如此，如果本书的出版能对九一八事变研究起到一些积极作用，本人就略感欣慰了。

成果付梓之余，我心中充满的是诸多感恩、感谢和感动！感恩中国特色社会主义新时代社会科学繁荣景象的感召，感恩中共历史红色文化之花的盛开，感恩辽宁地域历史和文化丰厚底蕴的滋润；感谢相关专家学者的厚爱和支持，感谢学界同仁的无私援助，感谢家人、好朋友的默默奉献、理解和支持。

历史是最好的教科书、营养剂和清醒剂，我们必须认真学习、思考和研究；历史是走向未来的桥梁和纽带、历史就是未来，新的历史——未来需要我们共同书写和创造。

雄关漫道真如铁，而今迈步从头越！深刻铭记历史，更要有力开辟未来！愿我们在新时代都能书写靓丽画卷、开辟全新境界，贡献更大力量！创造出无愧于历史、无愧于现实、无愧于未来的业绩和答卷！

作　者

2023 年 1 月于沈阳